모
든

날
이

은
혜
스
럽
다

Every Day is
a Blessing

* 작가 고유의 글맛을 살리기 위해 일부 표현은
  한글 맞춤법에 맞지 않더라도 수정하지 않았습니다.

* 본문 그림은 클로드 모네의 작품을 사용하였습니다.
  Claude Monet (French, 1840-1926)

모든 날이 은혜스럽다

지은이 | 김병삼
초판 발행 | 2024. 10. 31
3쇄 발행 | 2024. 12. 24
등록번호 | 제1988-000080호
등록된 곳 | 서울특별시 용산구 서빙고로65길 38 두란노빌딩
발행처 | 사단법인 두란노서원
영업부 | 2078-3333   FAX | 080-749-3705
출판부 | 2078-3331

책 값은 뒤표지에 있습니다.
ISBN 978-89-531-4959-5   03230

독자의 의견을 기다립니다.
tpress@duranno.com   www.duranno.com

두란노서원은 바울 사도가 3차 전도여행 때 에베소에서 성령 받은 제자들을 따로 세워 하나님의 말씀으로 양육하
던 장소입니다. 사도행전 19장 8-20절의 정신에 따라 첫째 목회자를 돕는 사역과 평신도를 훈련시키는 사역, 둘째
세계선교(TIM)와 문서선교(단행본·잡지) 사역, 셋째 예수문화 및 경배와 찬양 사역, 그리고 가정·상담 사역 등을
감당하고 있습니다. 1980년 12월 22일에 창립된 두란노서원은 주님 오실 때까지 이 사역들을 계속할 것입니다.

모든 날이
은혜스럽다

Every Day is a Blessing

김병삼

꼭 해보고 싶은 일이 있습니다.
평생 설교를 하며 살다 보니,
모든 삶의 패턴이 설교 준비에
집중되어 있습니다.
성경을 읽을 때도 설교 준비를 하고,
글을 쓸 때도 설교 원고가 됩니다.
출판한 책들도
설교문을 편집한 것이니 말입니다.

그냥 좋은 글을 써보고 싶었습니다.
내 마음에 좋은 글이
다른 누구에게도 좋은 글이 되지 않을까…
하는 바람으로요.
신앙적인 표현으로 하면 '은혜스럽다'는
글을 꼭 써보고 싶었습니다.

그래서 그날그날 깨닫고 은혜가 되는
생각을 글로 옮겼습니다.
《모든 날이 은혜스럽다》에 나오는 글들은
제 살과 피 같은 이야기들입니다.
삶에서 생명을 이어 가듯 그때그때 나온
이야기들입니다.

조금 부족한 듯해도 하나님 믿는 사람들이
행복했으면 좋겠습니다.
요즘 강단에 서서 교인들을 보면
마음속 깊은 곳에서 그런 생각이 듭니다.

'오늘 예배드리고 신앙생활을 하는 교인들
이 참 기쁘고 행복하면 좋겠다!'

목회자의 가장 큰 기쁨은
행복해하는 교인들을 볼 때입니다.
그래서 이 책도 그런 책이면
좋겠습니다.

책을 읽은 사람들의 얼굴에
미소가 떠오르고, 행복해지고, 그래서
"오늘 참 좋고 행복하고 은혜스럽다!"라고
말할 수 있기를 바라는 마음입니다.

목양하는 마음으로 이 글을 나누게 되어
나 또한 참 행복합니다.
오늘 하루를 은혜스럽게 보내고 나니,
모든 날이 은혜스럽습니다.

2024년 10월 목양실에서
김병삼 목사

The Artist's Garden in Giverny (1900)
Claude Monet

Contents

1

앞서가지 말고
함께 갑시다

하나님을 위해 뭘 하냐고요 _____

_____

_____

_____

어느 잡지사 인터뷰를 하다가 이런 질문을 받았습니다.

"목사님은 하나님을 위해 뭘 하세요?"

목회자에 대한 기대나 환상을 가지고 특별한 대답을 기다리는 것 같았는데, 갑자기 머리가 하얗게 되어 버리더군요. 아무리 생각해도 제가 하나님을 위해 하는 일이 별로 없어서 말이죠.

예전에는 그런 문제를 가지고 참 많이 씨름했던 것 같습니다.

"하나님, 제가 무엇을 해야 하나님이 기뻐하시죠? 저에게 어떤 소명을 주셨죠?"

빨리 그걸 알아야 빨리 위대한 일을 하고, 그래야 하나님이 기뻐하실 것 같다는 생각을 했습니다.

그런데 목회를 하면서 깨달아 가는 것이 있습니다. 하나님을 위해 뭔가를 열심히 한다고 하는데 별로 하나님과 친밀해지는 것 같지도 않고, 사실 하나님도 그리 기뻐하시지 않는 것 같습니다. 우리가 하나님을 위해 무엇을 할 수 있을까요? 우리가 하는 일들이 하나님께 얼마나 필요한 일들일까요? 그렇게 한다고 우리가 얼마나 하나님의 마음을 만족시킬 수 있을까요?

한때는 하나님을 위해 목숨을 바친다는 말, 삶의 모든 것을 포기하고 헌신한다는 말들이 참 위대하다고 생각했습니다. 하나님이 그런 말들을 참 기뻐하시겠다고 생각했습니다. 그런데 요새는 별로 그런 것 같지도 않겠다는 생각이 듭니다. 나를 하나님께 드리고 헌신한다고 해서 그게 하나님께 얼마나 큰 가치가 있을까요? 때로는 내 열심이 하나님을 앞서가 오히려 하나님을 힘들게 할 때가 많을 수도 있겠다는 생각도 듭니다.

물론 우리가 하나님을 위해, 성령님을 위해 산다는 것이 신앙적인 몸부림인 것만은 분명합니다. 그런데 그동안 하나님을 위해 살았던 신앙의 선배들이 무너지고, 또한 교만으로 끝나는 것을 보았습니다. 어느 순간에 하나님을 위해 살았던 것이 자신의 업적이 되고 기념비가 되기 때문이죠. 하나님을 위해 뭔가를 한다고 할 때마다 내가 한 일에 대한 업적을 쌓는 듯한 느낌, 하나님을 위해 뭔가를 하면 할수록 하나님과 멀어지는 느낌이 듭니다. 이걸 어떻게 설명할 수 있을까요?

그래서 결심했습니다. 하나님을 위하여 어떤 일을 하기보다, 그냥 하나님과 함께 가면 좋겠다고요. 사실 우리가 고민해야 할 것은 하나님을 위해 사는 것이 아니라, 하나님과 동행하고 있느냐의 물음일 것 같습니다. 어거스틴이 한 "하나님을 사랑하십시오. 그리고 마음대로 하십시오"라는 말처럼 말이죠. 하나님을 사랑한다는 것은 그분과 동행한다는 것이겠지요. 하나님 그리고 성령님과 동행하는 사람이 하는 행동은 모든 것이 하나님을 위하는 일이 되지 않겠습니까? 굳이 우리의 능력 없음에 대한 한탄도, 하나님을 위해 한 일에 대한 자랑도 더 이상 필요치 않은 것처럼 말이죠. 우리의 신앙의 깊이를 더하면 할수록 하나님을 위해 무엇을 해야 한다는 부담을 내려놓으면 좋겠습니다. 그 대신 매일매일 하나님과 동행하기 위한 몸부림이 살아 있다면 좋겠습니다.

하나님을 위하여 무언가를 해야 한다고 생각할 때는 늘 바쁘고 쫓기고 불안했는데, 그냥 하나님과 함께 가자고 생각하니 참 좋더군요.

다시 인터뷰 때 받은 질문으로 돌아가서, 그때 제가 이렇게 대답했습니다.

"나는 하나님을 위해 하는 일도 별로 없고, 무엇을 해야겠다는 생각도 없습니다. 요즘은 그냥 하나님과 함께 살아가는 것만으로도 좋다는 생각이 드네요."

그냥 그렇게 쭉 살아갈 수 있다면 참 좋겠다는 생각입니다. 하나님도 우리에게 이렇게 말씀하실 것 같다는 생각도 들고요.

"그냥 나와 함께하자!"

헨리 나우웬(Henri Nouwen)이 기도를 이렇게 정의 내린 적이 있습니다.

"기도는 예수님과 함께 시간을 허비하는 것이다!"

바쁜 일상 가운데서 예수님과 함께 시간을 허비하기로 마음먹을 때, 가장 질적으로 충만한 시간을 보낼 수 있을 것입니다. 이 바쁜 세상에서 하나님과 함께 가장 한가한 시간을 가질 때, 뭔가는 잘 모르지만 '영성'이라는 말이 떠오르지 않나요?

"기도는 다른 일로 바쁘게 살아가던 우리가 하나님과 함께 무척 한가해지는 것이다!"

이 쉬운 일이 참 힘든 세상에서 우리가 살아갑니다. 분주한 사역의 한 가운데서, 치열한 삶의 전쟁터에서 하나님과 함께 무척 한가한 시간을 갖는 것이 오늘 우리의 작은 소원이 되면 어떨까요?

욕심과 질투에서 자유하십시오

J. D. 그리어(J. D. Greear)는 《담장을 넘는 크리스천》에서 아주 멋진 표현을 했습니다. "하나님은 이 세상을 창조하시고 '좋다'고 하셨지만 완벽하게 만들지는 않으셨다"고 말이죠. '좋다'는 말은 하나님이 창조하신 원재료가 선하다는 말이요, '완벽하지 않다'는 말은 우리에게 점점 더 좋은 세상을 만들어 가라는 명령입니다. 그런 의미에서 아담은 이 세상의 경비원이 아니라 정원사라 할 수 있습니다.

그런데 우리에게 가장 불행한 일은 무엇일까요? 주어진 좋은 관계를 더 좋게 만들지 못하는 것입니다. 완벽하지는 않더라도 점점 더 좋아져야 하는데 말입니다.

관계를 망치는 주범은 바로 욕심과 질투라는 놈입니다. 욕심은 자신이 더 가지고 싶은 마음에서 생기는 것이고, 질투는 상대방이 가진 것을 시기하는 마음에서 생기는 것입니다. 욕심은 자신의 마음에 상처를 주어 병이 생기고, 질투는 자신의 영혼에 상처를 주어 점점 죽어 가게 합니다. 욕심은 자신의 아픈 마음으로 끝나지만 질투는 상대방과의 관계를 파괴하는 범인이기도 합니다.

언제부터인가 그런 생각이 들었습니다. 내가 가지지 못

한 것을 가진 사람이 주변에 있다면 참 행복한 일이라고 말이죠. 어쩌면 그 사람들과 함께하라고 하나님이 우리에게 부족함을 허락하신 건 아닐까요? 그렇게 생각하니 누군가 나보다 잘하는 사람이 보이면 질투하기보다는 함께하고 싶은 마음이 듭니다. 함께하는 이들이 잘되는 것이 내게 큰 축복일 수 있겠다는 생각도 합니다.

지금 함께하는 이웃과의 관계가 축복으로 느껴진다면 우리는 가장 행복한 사람들입니다. 좋은 것을 더 좋게 만들도록 하나님이 우리를 이 자리에 함께 부르셨다는 생각에 참 행복합니다.

우리 인생 최고의 불행은 하나님이 주신 축복을 누리지 못하고 저주로 만들어 버리는 일입니다.

자유하십시오!
욕심과 질투로부터.

에덴동산을 축복으로 여기지 못하고
선악과를 탐낸 아담의 욕심으로부터.

그리고 동생 아벨의 제사만 받으신 하나님 때문에
동생을 죽이고 무서운 영혼의 범죄를 저지른
가인의 질투로부터.

The Footbridge over the Water-Lily Pond (1919)
Claude Monet

광야도 끝은 옵니다

47도가 넘는 더위 속에서 이스라엘 광야를 지나왔습니다. 이곳에서 유학하는 청년들과 함께 유대 광야 속으로 들어가며 여러 가지 생각을 하게 되더군요. 더위도 힘들었지만 돌로 뒤덮인 황량한 광야를 지나는 것이 쉽지 않았습니다.

다행히 친절하고 유머가 넘치는 운전자를 만났습니다. 이름은 아브라함이라고 하는데 자기를 그냥 아비라 부르라고 합니다. 한쪽에 낭떠러지가 있는 길을 지나야 하는 아찔한 순간에 아비가 유머를 섞어 말하더군요.

"무서우면 눈을 감으세요. 나도 무서우니 눈을 감고 운전할게요."

두려운 일을 만나면 눈을 감아 버리고 싶은 마음이 듭니다. 하지만 두려울 때, 위험한 곳을 지날 때는 결코 눈을 감아서는 안 됩니다. 오히려 눈을 부릅뜨고 그 상황을 지나가야 합니다.

우리에게 믿음이라는 특권이 있습니다. 두려운 순간 두 눈을 뜨고 바라볼 말씀이 있다는 것과 귀를 세우고 들을 하나님의 음성이 있다는 것은 특권 중 특권입니다.

'광야'

어쩌면 이스라엘에서 유학생 신분으로 공부하는 청년들의 삶이 누군가에게는 특권처럼 보일지 모르겠습니다. 그러나 그들에게는 이곳이 광야 같은 곳일 수 있습니다. 가족을 떠나 있다는 것만으로도, 한 번도 살아 보지 않은 낯선 곳에 있다는 것만으로도, 그리고 말도 잘 통하지 않는 곳에서 사람들과 소통해야 한다는 것만으로도 말입니다.

그런 생각이 들더군요. 광야는 늘 우리가 예상하지 못했던 일들이 일어나는 곳이라고 말입니다. 우리가 예측할 수 없고, 기대할 수 없는 곳이기에 가장 선명하게 하나님의 인도하심을 받을 수 있는 곳이라고 말입니다. 광야를 지나는 청년들에게 해주고 싶은 이야기가 있었습니다.

"너희가 광야를 지나고 있지만 돌아올 곳이 있다는 것을 알았으면 좋겠다. 너희가 광야의 시간을 지나고 있지만 신앙의 고향이 있다는 것을 알았으면 좋겠다."

이것은 비단 청년들에게만 해당하는 이야기는 아닐 것입니다. 인생의 광야를 지나고 있는 우리 모두에게 하고 싶은 말입니다. 광야를 지나는 모두에게 든든한 버팀목이 있습니다. 우리가 의지할 수 있는 분이 있습니다. 조금만 귀를 기울이면 들을 수 있는 음성이 있습니다.

광야는 또한 예기치 못한 사람을 만날 수 있는 곳이기도 합니다. 25년 전 저 역시 유학생으로 광야의 시간을 지났던 적이 있습니다. 영어 때문에 얼마나 힘들었는지, 1년쯤 지났을 때 조금은 쉬운 과정으로 바꾸고 싶은 마음이 들었습니다. 이미 목사가 되어 가족들을 데리고 유학을 갔는데 굳이 미국에서 목사가 되는 과정을 위해 3년씩이나 보내야 하는지 의문이 들었습니다. 그때 한 선배 목사가 이런 말을 저에게 해주었죠.

"김 목사님! 한 번 포기하면 또 포기하게 돼요. 이왕 시작했으니 끝내 보세요."

그 말은 광야에 있던 제게 나침반이 되어 주었습니다. 그 말에 힘을 얻어 공부하다 보니 박사 과정까지 이어지더군요. 그렇게 한 과정 한 과정 끝내 보니 이제는 광야를 지나는 청년을 격려할 수 있게 됐습니다.

광야는 힘들고 지치고 위험하기는 하지만, 누군가를 만날 수 있고 새로운 경험을 할 수 있습니다. 무엇보다 그 광야를 지나면 돌아갈 곳이 있다는 사실이 우리를 붙들어 주는 힘이 될 것입니다.

Champ De Blé (1881)
Claude Monet

좋아합니까, 사랑합니까 ─────────────
───────────────────────────────
───────────────────────────────
───────────────────────────────

우리가 종종 착각하는 것이 있습니다. 좋아하는 것(Like)과 사랑하는 것(Love) 사이의 미묘한 차이입니다. 어떤 목사님이 이런 구분을 해 놓았더군요.

"좋아하는 것은 그 사람으로 인해 내가 행복해졌으면 하는 것이고, 사랑하는 것은 그 사람이 나로 인해 행복해졌으면 하는 것이다. 좋아하면 욕심이 생기고, 사랑하면 그 욕심을 포기하게 된다. 만약에 지구가 멸망하는 날 탈출할 수 있는 우주선을 타게 된다면 좋아하는 사람은 내 옆자리에 태우고 싶고, 사랑하는 사람은 내 자리를 주고 싶어진다. 꽃을 좋아하는 사람은 그 꽃을 꺾지만, 꽃을 사랑하는 사람은 물을 준다."

이 차이는 무엇일까요? 좋아하면 자신의 감정에 충실하게 되고, 사랑하면 상대방의 감정에 충실하게 되는 것 아닐까요?

여기에서 많은 신앙의 문제가 풀리는 것 같습니다. 열심히 교회를 다니고 예수님이 좋다고 소리 질러도 변하지 않는 사람들이 이해가 됩니다. 단지 자신이 좋아하는 것을 하기 때문이고, 주님의 마음과 감정에는 별로 관심이 없기 때문인 듯합니다.

예수님의 제자들이 3년 넘게 주님을 따라다니면서도 진리와 십자가의 복음을 깨닫지 못했던 이유는 자신들의 감정에 충실했기 때문은 아니었을까요?

'사랑'하면 떠오르는 예수님의 제자가 있습니다. 요한입니다. 그가 얼마나 사랑이라는 말을 많이 했는지 모릅니다. '하나님은 사랑이시다!'라고 정의한 유일한 사람입니다. 그런 요한이 예수님이 좋아서 따라다니던 때, 얼마나 성질이 급하고 난폭했으면 '우레의 아들'이라는 별명이 붙었을까요? 예수님이 십자가에 달리시기 위해 예루살렘으로 향하는 길에서도 영광의 자리를 탐하던 사람, 다른 제자와 함께 하기보다는 자신이 드러나기를 원했던 사람도 요한입니다.

그랬던 그가 어느 날 '사랑의 사도'가 되었습니다. 그 시작은 어쩌면 주님이 좋아서 따라다니던 그가 자신을 사랑하시는 주님의 사랑에 겨워 그 주님을 사랑하게 되면서 부터가 아닐까요? 십자가 위에서 당신의 어머니 마리아를 부탁하던 예수님을 이해하게 된 순간 그가 사랑의 사도가 된 것이 아닐까요? 그래서 요한은 끝까지 주님의 마음으로 어머니 마리아를 모실 수 있었을 것입니다.

요즘 참 부끄러운 우리 신앙의 모습들, 교회의 모습들이 보입니다. 예수님이 좋아서 모인 우리가 내 감정에 더 충실한 것 같습니다. 좋으면 함께하지만 마음이 맞지 않으면 언제나 싸울 준비도, 버릴 준비도 되어 있습니다. 좋아하는 마음으로는 우리에게 주어진 사명과 십자가를 지기가 쉽지 않은 듯합니다. 하지만 사랑하는 마음이면 주어진 십자가에 주님의 마음이 보이지 않을까요?

'함께'라는 말이 가슴에 떠오릅니다. 내가 좋아하는 사람이 아니라 주님이 사랑하시는 사람과 함께, 주님이 원하시는 사명에 함께하는 것입니다. 내 감정이 아니라 우리 주님의 감정에 충실한 사람들이 되면 함께할 일이 참 많지 않을까요? 함께하는 모습이 좋기는 하지만, 쉬울 것이라고는 생각하지 않습니다. 내가 좋아하지 않는 것을 이길 수 있는 마음은 주님을 사랑하는 마음입니다.

좋아하는 것과 사랑하는 것을 깊이 생각하면 좋을 것 같습니다. 주님을 좋아합니까, 아니면 사랑합니까?

동행이란 그에 관해 알아가는 것입니다───────

─────────────────────────────────────

─────────────────────────────────────

─────────────────────────────────────

누군가와 동행을 '시작'하는 것은 그리 어려운 일이 아닙니다. 하지만 그 사람과 '계속' 동행하는 것은 쉽지 않습니다. 계속해서 동행하려면 그 사람에 대하여 많이 알아야 합니다. 좋아하는 것과 싫어하는 것이 무엇인지 말이죠.

신앙생활을 하면서 가장 많이 말하는, 그리고 바라는 것 중 하나가 '성령님과 동행하고 싶어요'라는 것이 아닐까요? 그렇게 말하거나 마음을 먹는 것은 어려운 일이 아닙니다. 하지만 지속적으로 성령님과 동행하기를 원한다면 그분이 좋아하는 것과 싫어하는 것을 알아야 합니다.

사도 바울은 에베소에 있는 교인들에게 이렇게 편지했습니다. "주님이 기뻐하시는 것이 무엇인지 시험하여 보십시오!" 그런데 여기서 '시험'이라는 말에는 '생각하고 행동하십시오'라는 의미가 있습니다.

신앙 여정이라는 말이 있습니다. 신앙은 마치 여행과 같습니다. 그 여행길에서 많은 시행착오를 거치면서 배워 가는 것입니다. 생각하며 행동하면 성령님이 싫어하시는 것과 좋아하시는 것을 깨닫고 배워 가는데, 우리에게는 별로 그런 마음이 없는 것 같습니다.

"생각하지 않는 믿음은 맹신입니다. 그리고 믿음이 없는 생각은 불신입니다!"

한번은 참 좋아하는 목사님 부부에게 무언가를 해주고 싶어 함께 영화를 보러 다녀왔습니다. 주연을 맡았던 여배우에게서 시사회 초대장을 받았기 때문에 기대하는 마음으로 갔습니다. 그런데 그 영화가 공포영화더군요. 그리고 함께한 사모님은 태생적으로 공포영화를 못 보는 분이었습니다. 제가 가지고 있던 의지가 틀린 것은 아니지만, 그 의지가 기쁘게 작용하지 않은 것만은 분명합니다. 앞으로 함께 인생을 살아가며 고려해야 할, 사모님에 관한 정보 하나를 알게 된 것입니다.

성령님을 알아 가는 것도 그와 유사한 일이죠. 성령님이 제일 싫어하시는 일은 '성령님을 근심'하게 하는 일입니다. 우리가 옳은 일인 줄 알고 했지만 마음이 불편해진다면 성령님을 근심하게 하는 일일 수 있습니다. 우리가 죄를 행할 때 성령님이 함께하시지 않는다고 하죠. 그런데 단순한 행위의 죄를 넘어서서 성령님이 기뻐하시지 않으면 그것 또한 죄입니다.

성령님이 어떤 분인지, 그분의 생각을 알아 가는 것은 쉬운 일이 아닙니다. 성령님을 생각하기 시작하면 우리 삶이 참 불편해집니다. 그런데 그 불편함이 편안해지기 시작할 때 친밀함이 주는 기쁨을 누리게 되는 것입니다.

성령님을 전혀 배려하지 않고, 성령님과 함께하기 위한 불편함을 감수하지 않으면서 "성령님! 저에게 오셔서 제 삶에 동행해 주세요!"라고 말하는 것은 명백한 립 서비스에 불과합니다. 성령님을 구하는 우리의 기도는 삶의 패턴을 성령님께로 바꾸겠다는 결단입니다. 성령님과 동행한다는 것은 성령님이 우리에게 맞춰 주시는 것이 아니라, 우리가 성령님께 맞추어 가는 아주 철저한 신앙의 여정입니다.

누군가와 동행한다는 것, 성령님과 동행한다는 것, 그것이 립 서비스가 아니라 삶이 되기 위해 우리가 무엇을 해야 하는지 묻고 생각해야 합니다. 그러면 우리 신앙이, 우리가 속한 공동체가, 우리 교회가 조금은 달라질 것입니다.

소통이 안 된다고요

요즘 사람들이 참 힘들어하는 것이 있습니다. '소통'이 되지 않는다는 것이죠. 아이러니한 것은 요즘처럼 소통하려고 애쓰는 때가 없었다는 사실입니다. 소통을 위한 도구도 많습니다. 그런데 저조차 목회 30년을 향해 가면서 깨닫는 것이 있습니다.

'소통이란 불가능한 것이구나!'

소통이 어려운 이유는 노력하지 않기 때문이 아니라 소통의 의미를 잘못 생각하기 때문인 것 같습니다. 다시 말해서 누군가와 이야기하고 의견을 맞추려고 노력하지만 자신의 의견이 관철되지 않으면 소통이 되지 않는다고 생각하는 것입니다.

우리는 여기저기서 "만나 주세요"라는 말을 자주하고 듣습니다. 하지만 만난다고 소통이 되지 않습니다. 때로는 만나서 서로가 불통이라는 것을 아주 명백하게 확인할 뿐이죠.

목회 초년병 시절 그런 이상적인 꿈을 꾸었던 것 같습니다. '모든 교인과 뜻을 맞춰 동일한 비전을 향해 달려 나가면 좋겠다.' 그래서 생각이 맞지 않을 때는 생각을 맞추려고 노력했고, 여러 가지 방법을 동원해 소통하려고 노력했습니다. 그런데 신기하게도 많은 사람과 만나 이야기하면 할수록 서로의 생각이 이렇게 다를 수 있다는 사실에 놀랐습니다. 그리고 사람들은 자기 생각을 내려놓기보다는 서로를 설득하기를 원한다는 것도 알게 되었습니다.

하나님이 깨닫게 하신 소통 방법이 있습니다. 소통이란 서로의 생각이 일치하거나 서로가 만족할 수 있는 이상을 발견하는 것이 아니라, 가야 할 올바른 방향을 향해 각자 달려가는 것이라고 말입니다. 신앙적으로 말한다면 나의 생각을 내려놓고 하나님의 생각을 향해 가는 것입니다. 하나의 길이 아니라 사방에서 말이죠.

하나님과 소통이 되지 않는 것 같습니까? 아무리 기도해도 응답이 되지 않나요? 혹 하나님의 생각과 별개로 내 뜻이 관철될 때까지 떼를 쓰고 있는 것은 아닐까요?

그런 찬양이 생각나네요.
"주님을 보게 하소서
내 뜻과 내 생각 내려놓고"

소통이 안 된다고요? 단지 내 생각대로 되지 않는다는 불평은 아닐까요?

내 뜻과 내 생각으로는 소통할 수 없습니다. 너무 조급해하지 말고, 내 생각대로 되지 않는 것에 안달하지 말고, 고난의 시간을 지나가도 그 길이 결코 잘못되지 않았다는 확신을 가지고 나아갑시다. 교회는 사람의 생각을 맞추는 공동체가 아니라는 것을 기억합시다. 나와 너무나 다른 사람들이 만나서 하나님의 뜻을 향해 함께 열심히 달려가는 것이 교회임을. 마치 모자이크처럼 서로 다른 조각 하나하나가 아름다운 하나의 그림을 만들어 가는 것이 진정한 소통이라는 것을.

고약한 사람을 가졌습니까 ————————————
————————————————————
————————————————————
————————————————————

우리가 흔히 성질이 유별나고 주변을 괴롭게 하는 사람을 향해서 "참 고약한 사람이야"라고 말합니다. 이 말의 유래가 참 흥미롭더군요.

세종 시대에 '고약해'라는 신하가 있었다고 합니다. 이 사람이 세종이 하는 일에 얼마나 반기를 드는지, 세종은 자신에게 반기를 드는 사람이 나타나면 "고약해 같은 놈"이라고 했답니다. 그런데 그런 그에게 세종은 대사헌이라는 자리까지 줍니다. 세종이 고약해보다 한 수 위의 사람이었던 것이죠. 실록에 의하면 고약해가 눈을 부라리며 세종을 노려보는 행동을 차라리 귀엽게 여길 정도였다고 합니다. 세종의 위대함을 엿볼 수 있는 일화입니다.

세종은 우리가 바람직한 리더십을 이야기할 때 종종 회자되는 인물입니다. 그의 시대에는 유능한 신하들이 많이 나타나는데, 뭐 꼭 그때만 특별한 시기였던 것이 아니겠죠. 세종은 주변 사람들을 말하고, 일하고, 움직이게 해서 스스로 실력을 발휘하게 만들었다고 합니다. 어쩌면 고약해가 세종을 만났으니 망정이지, 다른 왕의 신하였다면 무인도 같은 곳으로 유배를 열 번은 더 갔을지 모를 일입니다.

신앙적으로 생각해 볼까요? 우리는 종종 성령님이 역사하시던 시대를 부러워합니다. "왜 그때는 그렇게 엄청난 역사가 일어났는데 이 시대는 조용한가?" 하지는 않습니까? 아니죠. 우리가 성령님이 역사하시도록, 성령님이 일하시도록 살고 있는가를 물어야 합니다. 성령님이 일하시도록 나를 내려놓지 않으면 어떤 역사도 경험하지 못합니다.

우리는 종종 주변에 좋은 사람들이 있는 것을 부러워합니다. 그렇다면 과연 나는 주변에 좋은 사람들이 있도록 살고 있습니까? 고약한 사람이 우리 주변에 있어야 합니다. 그 고약한 사람이 나의 인격과 성품을 만들어 주고 있을지 모릅니다.

함석헌 옹의 글이 생각나는군요.

"그대 고약한 사람 하나를 가졌는가?"

Woman Seated under the Willows (1880)

Claude Monet

억지로라도 화목을 이루세요

인생을 살다 보면 하기 싫어도 억지로 해야 하는 일들이 종종 있습니다. 불경한 말 같지만 예배 역시 억지로라도 드려야 하는 때가 있습니다. '억지로'라는 말에는 조금은 부정적인 의미가 있습니다. 자발적이지 않고 때로는 강요에 의한 것이라는 느낌 때문이죠.

말씀을 묵상하던 가운데, 구약 시대의 예배인 화목제와 화목제물에 대해 깨닫게 된 것이 있습니다. 화목제물은 감사제, 낙헌제, 혹은 서원제를 드리며 소를 잡아 제물로 드리는 것입니다. 화목제물은 유일하게 제사를 드린 후 사람들이 함께 나누어 먹습니다.

그런데 조금 이상한 규정이 있습니다. 화목제물은 제사를 드리고 난 후 하루 혹은 이틀이 가기 전에 모두 먹어야 한다는 것입니다. 소를 한 마리 잡으면 그 양이 대단합니다. 그것을 나눠 먹으려면 몇 사람으로는 안 됩니다. 자기가 알고 있는 사람들, 혹은 좋아하는 사람들만 초대해서는 다 먹을 수 없습니다. 그러니 자기와 원수진 사람도 초청할 수밖에 없습니다. 그렇게 억지로라도 제물을 나눠 먹다 보면 화목을 이루게 됩니다.

가만히 보니 화목제를 완성하기 위해서는 억지로라도 원수와 음식을 나눠 먹어야 합니다. 아마도 하나님이 우리를 화목하게 하시려는 방법인 것 같습니다. 이처럼 하나님은 자발적인 예배만 받으시는 것 같지 않습니다. 때로는 억지로 하는 순종을 통해서도 화목을 이루십니다. 화해를 생각해 보세요. 만일 우리가 원하는 때에만 화해한다면 화해가 얼마나 이루어질까요? 진정한 예배자는 억지로라도 화해해야 합니다.

우리 주님이 화목제물이 되셨다는 말이 참 깊게 다가옵니다. 하나님과 우리 사이의 화목과 사람과 사람 사이의 화목은 그렇게 낭만적이거나 자발적이 아니었다는 생각이 듭니다. 그러나 순종의 제물이 화목을 만들었습니다.

어떻습니까? 아직도 예배를 억지로 드린다는 말이 부정적으로 들립니까? 억지로 하지 않으면 안 되는 일을 떠올려 봅시다. 그리고 그것이 예배라고 생각해 봅시다. 어쩌면 예배의 혁명이 억지로 시작될지도 모릅니다.

Vétheuil

Claude Monet

때로는 미련해도 좋습니다

어느 모임에서 들은 이야기입니다. 평생을 목회하고 은퇴한 목사님이 후배 목사님에게 그러더랍니다.

"나는 목회에 실패했어. 평생 하나님만 바라보면 되는 줄 알았어. 그렇게 하나님만 바라보며 달려왔지."

후배 목사님은 이해가 되지 않았습니다.

"목회는 하나님만 바라보면 되는 게 아닌가요?"

그러자 은퇴한 목사님이 이렇게 말했다고 합니다.

"사람을 봐야지. 하나님이 사랑하시는 사람을 봐야지. 하나님이 나를 목사로 만든 것은 양을 돌보라고 하신 건데. 나는 하나님만 바라보면 되는 줄 알고, 하나님이 사랑하시는 양을 보지 않았어."

참 귀한 말씀으로 다가왔습니다. 하나님을 사랑한다는 말이 정작 하나님이 사랑하라고 맡겨 주신 사람들을 사랑하지 않는 핑계가 될 수 있다는 것 말입니다. 하나님이 사랑하시는 사람들이 눈에 들어와야 비로소 하나님의 마음이 뭔지 제대로 알 수 있을 텐데 말입니다.

우리는 이웃의 잘못과 가난과 병듦의 이유를 따져 묻길 좋아합니다. 그런데 정말 중요한 것은 이유가 아니라 사랑의 시선으로 그들을 바라보는 마음이 아닐까요?

우리는 때로 너무 지적이고 이성적이고 합리적입니다. 때로는 교회를 세우겠다는 열심 때문에 정작 하나님의 마음을 보지 못합니다. 지적인 교만이나 독선보다는 감정적 미련함이 필요하다는 생각이 듭니다.

Banks of the Seine, Vétheuil (1880)
Claude Monet

2

완벽하지 않아도
되니 행복합시다

너로 충분하단다

우리 교회 영성 훈련을 마치고 간증했던 한 목사님의 울먹이던 목소리가 기억납니다. 소위 말하는 크리스천 명문 가정에서 가족들의 기대를 안고 아버지를 이어 목사가 된 분이었습니다. 목사 아들이 다 그렇듯이 모범생으로 자라며 마음에 채워지지 않는 그 무엇이 있었답니다. 남들이 부러워하는 환경에서 목사가 되었지만, 정작 이분은 하나님의 음성을 듣는다는 목사나 좋은 은사를 가진 목사들이 부러워 늘 기도했답니다.

"하나님 저에게도 저런 은사를 주세요! 뜨거운 열정도 주세요."

하지만 그런 일을 일어나지 않았고, 늘 부족하다는 생각에 갈급한 마음을 가지고 있었습니다. 이번 영성 훈련에서도 기대하고 기도했지만 역시나였습니다.

'왜 내게는 남들이 받는 은혜와 뜨거운 역사가 일어나지 않는가?'

그렇게 안타까움으로 기도하던 중 마음속에서부터 하나님의 세미한 음성을 들었습니다.

"아들아 괜찮아, 괜찮아. 너는 충분한 내 아들이야!"

그 간증이 제 마음도, 그리고 그곳에 함께했던 많은 사람의 마음도 울렸습니다.

우리는 뭔가 굉장한 은사로 하나님의 일을 해야 하나님을 기쁘시게 할 수 있다고 생각합니다. 그러다 보니 현실은 '늘 부족한 나' 앞에서 좌절하죠. 열심히 살아도 채워지지 않는 공허함이 있습니다. 그런데 하나님 아버지는 그런 우리 모습 그대로도 괜찮다고 말씀하십니다! 우리 모두가 참 부족한 사람들이기에 그 간증이 가슴에 와닿았던 것 같습니다.

하나님을 위해 삶을 내어드리며 애쓴 모든 사람에게 이렇게 말해 주고 싶습니다.

"괜찮아, 괜찮아. 너는 충분한
하나님의 아들이고 딸이야."

언젠가 한 성도가 저에게 문자메시지를 보냈습니다.

"토닥토닥"

하나님이 담임목사인 저를 그렇게 도닥여 주신다는 의성
어였죠. 이 글을 읽는 분들에게 저도 '토닥토닥' 메시지를
보냅니다. 우리의 어깨를 두드리며 괜찮다고 말씀하시는
세미한 하나님의 음성이 들리십니까?

사랑하기 힘들다면 사랑받을 때입니다_____

_____

_____

_____

목회자의 가장 큰 부담은 설교 준비가 안 될 때도 설교를 해야 한다는 것입니다. 설교 준비가 되지 않는다는 말은, 때로 머리와 가슴에 채워진 것이 더 이상 남아 있지 않다는 것을 의미하기도 합니다. 물이 고이기도 전에 바가지로 퍼 올리면, 바닥난 가슴 밑바닥에 바가지가 자꾸 닿아 아프기 시작합니다.

아무것도 생각나지 않을 때는 생각이 날 때까지 기다려야 하는데, 너무 몸이 힘들 때는 충전이 될 때까지 쉬어야 하는데, 인내가 바닥났을 때는 내 속에서 믿음이 작동해야 하는데, 문제는 위기를 대처하는 방법을 잘 배우지 못했다는 것입니다. 며칠 전 꽤 연세가 든 목사님이 저에게 이렇게 말하더군요.

"김 목사님! 내가 미국에서 목회할 때는 교인들을 참 사랑하고 재미있게 목회했는데 그 사랑이 다 어디 갔는지, 교인들이 사랑스럽지 않아 참 힘드네요."

이 목사님의 고민이 우리의 고민은 아닐까요? 우리는 그동안 "사랑하세요!"라는 말을 참 많이 들었지만 "사랑받으세요!"라는 말은 그렇게 많이 듣지 못한 것 같습니다.

사랑하기가 힘들어졌다고 고민할 때가 아니라, 하나님의 사랑을 많이 받을 때가 된 것 같습니다. 사랑받지 못한 사람들이 자꾸 사랑하려고 하니 가슴이 아파 오는 것이 아닐까요?

바닥나 버린 내 마음을 어떻게 채울 수 있을까요? 시원하게 처방을 내려 주면 좋겠는데, 그런 처방은 없네요. 하지만 분명한 것은 내 속이 채워지지 않으면, 거기서 나올 수 있는 게 없다는 것이죠. 시간, 쉼, 책, 기도, 묵상 등, 어떤 방법이 되었든 자신을 위해 시간을 가질 필요가 있다는 생각이 드네요.

저도 그랬던 것처럼, 신앙인들이 빠지는 오류가 있습니다. 은혜를 받으면 모든 게 해결된다고 생각하는 것입니다. 마치 은혜를 받으면 수퍼맨이 되는 것처럼 말입니다. 그런데 제 생각엔 은혜를 받으면 능력자가 아니라, 하나님의 채우심을 기대하는 사람이 되는 것 같습니다. 은혜는 우리를 수퍼맨으로 만드는 것이 아니라, 하나님 앞에 진정한 사람이 되게 합니다. 하나님의 도우심이 없이는 살 수 없는 존재임을 아는 것 말입니다.

그래서 은혜를 받으면 강해지기보다는 점점 약해지는 것 같습니다. 사도 바울이 약함을 자랑하게 된 것은 자신에게 이미 하나님의 은혜가 족함을 깨닫게 된 다음이죠. 그는 작은 가시조차도 없어져 수퍼맨처럼 일하는 것을 꿈꿨는데, 하나님은 사도 바울을 그렇게 만들지 않으셨습니다.

그는 오히려 이런 깨달음을 얻습니다. 하나님이 자신에게 가시를 주신 이유는 교만하지 않도록, 하나님을 끝까지 의지하도록 하기 위해서라고 말이죠. 그때부터 사도 바울의 가슴이 공허해질 때면, 자신의 의지가 약해질 때면, 채워 주시는 하나님의 은혜를 체험하며 살았던 것은 아닐까요?

아무것도 생각나지 않고, 아무것도 하기 싫고, 더이상 가슴에 뜨거움이 남아 있지 않을 때는 당신이 힘을 낼 때가 아니라, 하나님의 은혜를 구하며 채워져야 할 때입니다. 사랑을 받아야 하는 때입니다.

아파도 괜찮습니다 _____

_____

_____

_____

어려운 시간을 보내고 있는 교인이 있습니다. 함께 아픈 마음과 형편을 나누면 좋을 텐데, 혼자 안고 갑니다. 그분에게는 아마도 '심판받는 것은 아닐까?' 하는 두려움이 있었던 것 같습니다. 평생 열심히 신앙생활 해온 자신이 당하는 고통이 누군가에게 저주받는 모습으로 비칠지도 모른다는 두려움 말입니다. 종종 신앙인들이 빠지는 오류입니다.

저도 목회를 하면서 가끔 갈등의 시간을 보내며 '아프지 말아야지!'라고 생각할 때가 있었습니다. 내가 아프면, 힘들어지면 스스로 잘못한 것을 인정하는 꼴일 테니 말입니다. 마치 스스로 감옥에 들어가 있는 듯합니다.

문제는 우리 삶에 찾아오는 질병과 고통, 아픔이 아니라 그 속에 갇혀 있는 우리 생각이 아닐까요? 예수님께 찾아와 물었던 제자들처럼 말입니다.

"저 사람이 소경된 것이 누구의 죄입니까?"

그때 주님은 그 소경을 고쳐 주셨을 뿐 아니라, 그의 질병을 통해 하나님의 영광을 나타내셨습니다.

필립 얀시(Philip Yancey)는 이것을 "고통의 속량"이라고 표현했습니다. 고통을 통해 하나님의 은혜를 깨닫게 되는 것 말입니다. 고통이 우리를 속량합니다. 하나님의 은혜로 말이죠.

더욱 무서운 것은 우리를 힘들게 하는 누군가가 아주 심각한 어려움을 당할 때, 하나님이 상대방을 심판하신다고 말하며 자신의 의를 증명려는 것입니다. 목사님을 힘들게 하는 사람이 갑자기 세상을 떠나면 "거 봐요! 이제 알겠죠? 하나님이 누구 편인지" 합니다. 나를 힘들게 하던 사람이 갑자기 사업에 망해 어려움에 처하게 되면 "거 봐요! 하나님이 살아 계시잖아요" 합니다.

만일 하나님이 우리를 그렇게 심판하셨다면 우리 가운데 지금 이 세상에 존재할 사람은 아무도 없을 듯합니다. 자신을 저주하는 것이든 상대방을 저주하는 것이든 우리 스스로를 깊이 가두는 참으로 무서운 감옥입니다.

저주의 감옥에서 나오십시오! 질병과 가난 그리고 고통 가운데서 우리를 속량하시는 하나님의 은혜가 보이기 시작할 때, 우리는 자유함을 누릴 수 있습니다. 주님은 우리를 심판하기 위해 이 땅에 오신 분이 아니라 구원하기 위해 오셨습니다. 우리를 자유하게 하려고 오셨습니다. 사탄에게 빼앗겨 버린 이 복음을 다시 찾아야 할 때입니다.

Water Lilies (1915 ~ 1926)
Claude Monet

한계를 마주하는 것도 신앙입니다

언젠가 갑자기 병원을 심방해야겠다는 생각이 들었습니다. 그렇게 찾아간 병원에서 젊은 나이에 암과 싸우고 있는 한 형제를 만났습니다. 수년 전에 병을 이겨내고 함께 성지순례도 다녀왔는데, 이제는 병원에서도 포기한 상황이라고 했습니다. 너무나 안타까웠습니다.

머리에 손을 얹고 한참을 기도했습니다. 통증이라도 사라지기를 간절히 바라는 마음이었습니다. 그리고 시편 23편을 암송해 주었습니다.

"내가 사망의 음침한 골짜기로 다닐지라도 해를 두려워하지 않을 것은 주께서 나와 함께 하심이라 주의 지팡이와 막대기가 나를 안위하시나이다"(4절).

오랫동안 남편을 간호하는 아내에게 위로의 말을 건네는 것이 더 쉽지 않았습니다. 나쁜 사람만 암에 걸리고 데려가시면 좋을 텐데, 왜 신실하게 살아가는 사람에게 이런 아픔을 주시는지 말입니다.

병실을 나와 또 다른 청년을 방문했습니다. 밥을 먹다가 갑자기 호흡곤란이 왔는데, 응급조치 과정에서 신체에 너무 많은 손상을 입어 의식이 없다고 했습니다. 의지할 곳은 하나님밖에 없는 절박한 상황에서 기도하고 나오는데 어머니가 따라 나오더군요.

"목사님! 병원에서 나가래요. 아무것도 해줄 수가 없대요. 어떻게 사람의 생명을 놓고 그렇게 아무렇지도 않게 얘기해요? 저는 오기가 생겼어요. 하나님이 포기하지 않고 살리신다는 것을 저 사람들에게 보여 줄 거예요."

어머니는 내일 병원을 옮기게 되는데 그 병원에서 받아 주기를 기도해 달라고 했습니다. 그 어머니의 절박함 앞에서 손을 잡고 위로할 수밖에 없는 우리의 형편이 참 안타까웠습니다. 그래서 더 간절히, 간절히 기도했습니다.

저녁에는 지인과 식사를 했습니다. 혈액암 치료차 독일 함부르크에서 한국에 왔다고 알고 있었는데, 전혀 병색을 찾아볼 수 없는 유쾌한 모습이었죠. 병이 처음 찾아온 것은 2년 전이었다고 했습니다. 교회 봉사를 참 열심히 했는데, 병에 걸린 것이 이해하기도 어렵고 참 힘들었답니다. 하나님이 그 병을 주신 이유를 신앙적으로 깨닫기 전에는 말입니다.

하루 동안 만났던 사람들의 모습이 머릿속에서 밤새도록 떠나지 않았습니다. 인간의 한계를 마주한 순간 드러나는 것이 우리의 참 모습인 것을. 모두가 손을 놓은 상황에서 바라봐야 하는 것도, 끝까지 포기하지 않고 하나님을 붙드는 것도, 이해할 수 없는 상황에서 이해하게 되는 것도 승리하는 신앙인 것을요.

우리 인생에 답이 없을 때, 아니 답을 찾지 못할 때 우리는 하나님께 더 가까이 가는 듯합니다. 내가 아무것도 할 수 없어서 오로지 주님만을 의지하고 기도할 때, 주님과 조금 더 가까워지는 듯합니다. 목사인 제가 할 수 있는 것이 없어서 그냥 기도합니다.

"주님! 우리의 아픔과 고통의 자리에 함께해 주세요."

오늘 우리가 아무것도 할 수 없어서 주님을 가까이 할 수 있는 계기가 되기를 바랍니다. 그리고 우리의 기도가 누군가에게 힘이 되기를 바랍니다.

두려움이 용기가 되는 건 찰나입니다————
_____
_____
_____

닉 부이치치의 아버지 보리스 부이치치가 쓴 《완전하지 않아도 충분히 완벽한》이라는 제목의 책 한 구절이 마음에 깊이 와 닿았습니다. 장남으로 태어난 닉에게 팔과 다리가 없는 것을 알고 그 현실을 받아들이기 힘들었던 때죠. 그는 말합니다.

"집으로 차를 몰고 오는 내내 거대한 슬픔의 파도가 계속 내 마음을 강하게 때렸다. 그 슬픔은 장애아가 태어났다는 것 때문이 아니라 기대했던 아이가 태어나지 않았다는 사실에서 비롯된 감정이었다. 내 불신과 절망은 이내 활활 타오르는 분노로 발전했다. '하나님, 저희에게 왜 이러시나요? 도대체 왜요?'"

'두려움의 정체'에 대하여 생각해 봅니다. 결국 두려움이란 내가 기대했던 일이 일어나지 않을 때 경험하는 감정이라는 것이죠. 그러고 보니 두려움이 우리의 삶에서 떠나지 않는 이유가 분명합니다. 내 마음대로, 내가 원하는 대로 되는 일이 없기 때문은 아닐까요?

두려움이 찾아오는 순간 우리는 적나라한 우리의 모습을 봅니다. 하나님을 믿는다고 생각했던 내 모습이 얼마나 비참할 수 있는지를 발견합니다. 오병이어의 기적을 경험했던 제자들이 배를 타고 갈릴리를 건널 때 폭풍 속에서 주님을 보고서 유령이라고 생각했던 것을 보면 참 신기하기도 합니다. 그렇게 생생하게 경험했던 예수님의 능력과 기적이 거친 파도 앞에서 흔적도 없이 사라질 수 있다는 것이 말입니다.

두려움의 정체! 제자들이 바다에서 파도를 만난 것보다 그 파도 가운데서 주님을 알아보지 못한 것이 문제였습니다. 제자들이 주님을 보지 못한 것이 아니라 그들 눈앞에 보이는 주님을 유령으로 착각했다는 것이 문제였습니다.

두려움 속에 찾아오신 주님이 이렇게 말씀하셨습니다.

"내니 두려워하지 말라!"(막 6:50b)

이 부분을 NIV 성경에서는 이렇게 번역합니다.

"Take courage! It is I. Don't be afraid."

두려움 가운데 필요한 것은 다름아닌 '용기(courage)'입니다. 우리가 용기를 낼 수 있는 이유는 바로 옆에서 속삭이시는 주님이 계시기 때문입니다. 우리 주님을 가장 생생하게 만나는 곳은 바로 거친 파도 가운데입니다! 그리고 그 주님을 가장 강렬하게 붙잡아야 하는 순간이 있다면 우리에게 엄습하고 있는 두려움 가운데입니다.

우리 삶에 기대하지 않았던 일들, 예기치 못했던 일들이 거친 파도처럼 여겨집니다. 그런데 그 파도 가운데 주님이 계시지 않으면 우리는 외롭고 무섭습니다. 주님을 보아도 주님으로 보이지 않기 때문이죠.

언젠가 보았던 〈국제시장〉이라는 영화의 마지막 장면에서 주인공인 황정민이 했던 말이 떠오릅니다.

"아버지 나 힘들었어예!"

그의 이 말은 패배자의 말이 아닙니다. 인생을 치열하게 살아왔던 한 사람의 고백입니다. 우리에게도 이런 고백이 있기를 바랍니다.

"하나님 아버지 나 참 많이 힘들었어요!"

두려움에 지쳐 주저앉은 사람의 나약한 고백이 아니라,
이 세상의 파도 속에서 열심히 살아온 흔적을 가진 신앙
인의 고백이 되기를 바랍니다.

어두움의 터널은 그렇게 길지 않습니다.
두려움의 정체도 그렇게 길지 않습니다.

가장 큰 두려움은 내가 붙잡고 살아가는 주님에 대한 기
대가 끝나는 것입니다.

Charing Cross Bridge, London
(1899, 1901, 1902, 1903)

Claude Monet

짐이 없다면 성장도 없습니다 _____

_____

_____

_____

군목으로 임관하기 전 훈련받던 시절이 있었습니다. 마지막 훈련은 군장을 지고 200킬로미터를 행군하는 것이었죠.

행군을 떠나기 전 저는 등의 짐이 부담스러웠습니다. 어떻게든 그 무게를 줄여야 한다고 생각했고, 다들 같은 생각이었습니다. 그런데 행군하며 짐이 짐 되지 않는다는 것을 알았습니다. 50분을 걷고 10분 쉴 때는 그 짐을 베고 누울 수 있습니다. 그 짐 안에는 먹고 자는 장비들도 들어 있습니다. 짐이 있어 쉴 수도, 잘 수도, 먹을 수도 있습니다. 오랜 길을 가야 한다면 짐은 결코 짐이 아닙니다.

때로 우리는 '무거운 짐'이 '거룩한 부담'이라는 것을 잊고 살기에 삶이 버겁기만 한 것 같습니다. 그런데 어느 순간 짐이 감사하게 느껴집니다. 짐을 짊어졌을 때, 우리가 조금은 성숙해지는 것 아닐까요?

오래전 제 노트에 끄적여 놓았던 글귀를 함께 나누고 싶습니다.

"내 등에 짐이 없었다면

나는 세상을 바로 살지 못했을 것입니다.

늘 조심하면서 바르고 성실하게 살아왔습니다.
이제 보니 내 등의 짐은
나를 바르게 살도록 한 귀한 선물이었습니다.

내 등에 짐이 없었다면
나는 사랑을 몰랐을 것입니다.
내 등에 있는 짐의 무게로
남의 고통을 느꼈고
이를 통해 사랑과 용서도 알았습니다.
이제 보니 내 등의 짐은
나에게 사랑을 가르쳐 준 귀한 선물이었습니다.

내 등에 짐이 없었다면
나는 아직도 미숙하게 살고 있을 것입니다.
내 등에 있는 짐의 무게가
내 삶의 무게가 되어 그것을 감당하게 하였습니다.
이제 보니 내 등의 짐은
나를 성숙시킨 귀한 선물이었습니다.

내 등에 짐이 없었다면
나는 겸손과 소박함의 기쁨을 몰랐을 것입니다.
내 등의 짐 때문에
나는 늘 나를 낮추고 소박하게 살았습니다.
이제 보니 내 등의 짐은
나에게 기쁨을 전해 준 귀한 선물이었습니다.

물살이 센 냇물을 건널 때는
등에 짐이 있어야 물에 휩쓸리지 않고,
화물차가 언덕을 오를 때는
짐을 실어야 헛바퀴가 돌지 않듯이

내 등의 짐이 나를 불의와 안일의 물결에
휩쓸리지 않게 했으며,
삶의 고개 하나하나를 잘 넘게 하였습니다.
모든 짐이 내 삶을 감당하는 힘이 되어
오늘도 최선의 삶을 살게 합니다."

고통 속에서 자유하십시오 _____
_____
_____
_____

상실에는 고통이 따릅니다. 건강을 잃거나, 사랑하는 사람을 잃거나, 꿈을 잃는 것처럼 우리가 통제할 수 없는 문제들이 닥치면 우리는 심연 깊은 곳에서 고통을 마주합니다.

우리는 흔히 통제할 수 있을 때 자유하다고 생각합니다. 하지만 이 세상에 일어나는 일들 가운데 우리가 통제할 수 있는 것이 그리 많지 않습니다. 그래서 통제할 수 없는 고통 가운데 자유하기란 더욱 쉽지 않은 듯합니다.

그런데 하나님이 깨닫게 하시는 것이 있습니다. 내가 통제할 수 없기에 자유를 잃어버리는 것이 아니라, 통제할 수 없기에 훨씬 더 자유로울 수 있다는 것을 말입니다. 만일 우리의 고통 가운데 하나님이 계시지 않다면, 고통의 순간 하나님의 선하심을 고백할 수 없다면 우리는 절대 고통에서 자유할 수 없습니다. 하지만 고통 속에서도 하나님의 선하심을 고백할 수밖에 없는 이유는 그 가운데 하나님이 계시기 때문입니다. 하나님과 함께하면 우리의 고통을 속량하시는 은혜를 누릴 수 있기 때문입니다.

하나님은 우리에게 고통을 주시는 분이 아니라 우리와 함

께 고통을 이겨 내시는 분입니다. 우리가 하나님과 친밀
해지는 순간은 어쩌면 고통의 순간입니다.

더 나아가 우리가 하나님의 뜻대로 살려고 하면 고통이
찾아올 수 있습니다. 만일 상황이 삶을 좌우한다면 고통
은 우리 삶의 감옥이 될 것입니다. 그러나 어떤 상황에서
도 하나님을 향한 고백이 있다면 그 고통이 우리를 억압
하지 못할 것입니다.

제가 많이 아플 때 한의사 선생님이 저에게 이런 문자메
시지를 보냈습니다.

"목사님, 열심히 일하다 보면 아픈 게 당연한 겁니다. 편
하게 아프세요. 제가 있잖아요."

이해할 수 없는 일 가운데 참 받아들이기 힘든 것이 교인
들의 말이었습니다.

"목사님에게는 안된 말이지만 목사님이 아프다는 이야기
를 들을 때마다 설교가 기대돼요. 목사님의 설교가 깊어
지거든요."

제 삶이 참 흥미로워지더군요. 질병의 고통이 하나님의 은혜로 속량된다는 것 말입니다.

우리가 쉽게 말하는 신앙의 조언이 있습니다.

"사람이 감당할 시험밖에는 주시지 않는다고 하십니다. 그러니 잘 견디십시오."

적어도 저는 이 말씀을 우리의 힘으로 감당할 수 있다고 이해하지 않습니다. 하나님께 우리의 문제를 맡길 때 가능하죠. 하나님 없는 고통은 우리 인생의 감옥입니다. 하지만 하나님의 개입과 속량은 고통이 주는 자유입니다.

고통에서 자유하십시오! 우리의 고백이 상황을 통제할 때 우리는 자유할 수 있습니다.

왜 접니까 _____

_____

_____

_____

우리 인생에는 설명할 수 없는 부분들이 참 많습니다. 때로 하나님께 묻죠.

"왜요?"

그렇지만 이해가 안 된다고 잘못된 것은 아닙니다. 우리가 예수님을 믿으며 주로 고백한다면 그분이 하시는 일에 대하여 순종하는 것이 옳습니다.

고린도전서에 보면 사도 바울의 믿음의 고백이 참 많이 나오는데, 그중에 하나가 "나는 심었고 아볼로는 물을 주었으되 오직 하나님께서 자라나게 하셨나니"(고전 3:6)입니다. 유진 피터슨(Eugene H. Peterson)은 《메시지》에서 이 부분을 이렇게 해석하더군요.

"우리 두 사람은 모두 종에 불과합니다. 여러분을 섬겨, 우리 주인이신 하나님께 여러분의 삶을 맡기는 법을 배우게 한 종일 따름입니다. 우리 두 사람은 주님께서 맡겨 주신 종의 임무를 수행했을 뿐입니다. 나는 씨를 심었고 아볼로는 물을 주었습니다. … 심는 일과 물을 주는 일은 종들이 약간의 급료를 받고 하는 허드렛일에 불과합니다."

우리가 하는 일 중에 어떤 일이 더 중요한가가 문제가 아닙니다. 우리가 하고 있는 모든 일은 주인이 시켜서 하는 일입니다. 주인이 하는 일에 비하면 종들의 일은 어쩌면 허드렛일일지 모릅니다.

때로 우리가 하는 일의 목적을 모를 때도 있습니다. 주인의 깊은 뜻을 이해하지 못할 때도 있습니다. 그래서 불평하기도 하고, 자신이 하는 일이 가장 귀한 일이라고 착각을 하기도 합니다. 그러나 우리가 하는 일은 약간의 급료를 받고 하는 허드렛일에 불과합니다. 종의 마음은 늘 그래야 할 것 같습니다.

테니스로 1960년대와 70년대를 주름잡던 아더 애쉬(Arthur Ashe) 선수는 모든 테니스 선수의 꿈인 그랜드 슬램(Grand Slam)을 이룬 사람입니다. 최고의 권위를 자랑하는 윔블던에서도 우승했습니다. 그렇게 잘 나가던 그가 갑작스러운 심장마비로 발목이 잡혔습니다. 두 번이나 수술을 받았는데, 불행하게도 수혈을 받다가 에이즈(AIDS)에 걸렸습니다. 그리고 1993년, 그의 나이 50세에 세상을 떠났습니다.

그가 에이즈에 걸린 것이 세상에 알려졌을 때, 그는 전 세계 팬들에게 수많은 편지를 받았습니다. 그중 한 편지에 이런 질문이 있었다고 합니다.

"왜 하나님은 당신에게 그런 나쁜 병에 걸리게 했을까요?"

아더 애쉬가 에이즈를 하나님의 뜻으로 받아들이기로 했다는 소식이 알려진 다음에 이런 질문을 한 것으로 보입니다. 이 질문에 대해 애더 애쉬는 다음과 같이 말합니다.

"전 세계 5천만 명의 어린이가 테니스를 칩니다. 그중 5백만 명이 테니스를 정식으로 배웁니다. 그중 50만 명이 직업 선수가 됩니다. 그중 5만 명이 리그전에 참여합니다. 그중 5천 명이 그랜드 슬램 대회에 참여할 자격을 얻습니다. 그중 50명이 윔블던에 참여할 자격을 얻습니다. 그중 네 명이 준결승에 진출하고, 그중 두 명만이 결승전에 갑니다. 제가 윔블던 우승컵을 들었을 때, 저는 하나님께 '왜 접니까?'라고 묻지 않았습니다."

어느 기자가 그에게 왜 그렇게 질문하지 않았느냐 물었습니다. 그러자 아더 애쉬가 이렇게 말합니다.

"만일 제가 심장마비 혹은 에이즈에 걸린 것을 두고 '왜 접니까?'라고 묻는다면, 제가 받은 축복에 대해서도 '왜 접니까?'라고 물어야 하고, 그것을 즐기는 제 권리에 대해서도 질문해야 합니다. 1975년 윔블던 대회에서 우승한 다음 날, 저는 제가 받은 축복에 대해 '왜 접니까?'라고 물었어야 합니다. 만일 저의 승리에 대해 '왜 접니까?'라고 묻지 않았다면, 저의 실패와 재앙에 대해서도 '왜 접니까?'라고 묻지 말아야 합니다."

그의 이야기를 통해 참 많은 깨달음을 얻습니다. 인생에서 펼쳐지는 희노애락의 이유와 목적을 다 이해하지 못할 때가 많았고, 앞으로도 다 알지는 못할 것입니다. 그러나 괜찮습니다. 언제나 신실하신 주인이 계시기 때문입니다. 오늘도 이해를 넘어서는 믿음으로 순종의 길을 따르렵니다.

Cliff Walk at Pourville (1882)
Claude Monet

뭘 위해 열심히 삽니까

사람의 인생이 어떠했는지는 그 사람의 죽음 앞에서 이야기하게 되는 듯합니다.

1988년이었던 것 같습니다. 처음 전도사로 사역을 시작하던 때, 작은 상가 건물 교회에 유난히 교인들을 잘 섬기는 집사님이 있었습니다. 매 주일 점심을 정성스럽게 만들었던 분이었습니다. 잠깐의 만남을 뒤로하고 저는 영월로, 군목으로, 유학으로 그렇게 분주한 날들을 지나 만나교회 담임목사가 되었습니다.

그러고 얼마 지나지 않아 권사님이 된 그 집사님이 저를 찾아왔습니다. 강화도로 이사를 간 다음에도 10년 가까이 한 주도 빠지지 않고 예배에 참석하고 봉사를 하더군요. 그래서 저도 매년 한 번은 강화도로 심방을 갔습니다. 매주 찾아오는 교인에게 담임목사가 1년에 한 번도 못 가보랴 하는 마음으로 말이죠. 권사님이 매년 담가 주는 김장 김치는 정성 때문에도 더 맛있었던 것 같습니다.

그런데 그분이 암으로 투병하기 시작했습니다. 3년 넘는 투병생활은 힘든 시간들이었죠.

"권사님! 빨리 건강해지셔야 제가 맛있는 김치를 먹죠."

김치가 중요했겠습니까? 맛있게 김치를 담가 오는 건강한 모습의 권사님이 보고 싶었습니다.

1년 쯤 후에 권사님이 갑자기 입원을 하더니 며칠 만에 세상을 떠났습니다. 권사님을 만나기 위해 다시 찾아간 곳은 강화도의 한 장례식장이었습니다. 그곳에서 예배를 드리며 그런 생각을 했습니다. 그래도 제게는 권사님을 추억할 수 있는 거리가 있다고 말입니다. 그 사실이 퍽 위로가 되었습니다.

그렇게 가족들에게 위로의 말을 전했습니다.

"부족한 목사의 마음속에도 기억되는 권사님의 삶이 하나님의 마음속에도 기억됐으리라 믿습니다. 남겨진 사람들에게는 아쉽지만 권사님은 더 이상 고통이 없는, 주님이 약속하신 처소에 머물고 계실 것을 믿으며 감사합시다."

모든 사람이 죽음 앞에 섭니다. 그러면 누군가는 그 자리에서 삶을 생각하게 될 것입니다. 우리가 종종 착각하는 게 있습니다. 인생을 열심히 산다는 것으로 위안을 삼으려고 하는 것이죠. 그런데 하나님은 틀림없이 우리에게 물으실 것입니다. "무엇을 위해 그렇게 열심히 살았니?"라고 말입니다.

하나님의 마음에, 그리고 누군가의 가슴속에 추억을 만드는 것이 오늘 우리에게 또 하루가 주어진 의미입니다. 좋은 기억들을 만들면 좋겠습니다. 누군가의 마음속에 따뜻함을 만드는 사람들이면 좋겠습니다. 그렇게 열심히 인생을 살다가 하나님께 "그래 수고했다! 열심히 살았구나!"라는 칭찬을 듣게 되기를 바랍니다.

3

_____

힘자랑 그만하고
복음 자랑합시다

폭로하는 정의 vs. 덮어 주는 은혜 _____

_____

_____

_____

〈공공의 적〉이란 영화가 있습니다. 오래전 영화라 내용은 잘 기억나지 않는데, 그 가운데에서도 잊히지 않는 장면이 있습니다. 돈만 아는 어떤 패륜아가 돈 때문에 부모를 칼로 무참히 살해하는 장면입니다. 화장실에서 피 묻은 칼을 닦고 있는 아들의 잔인한 모습 뒤로, 간신히 숨만 붙어 있는 어머니가 가까스로 무언가를 줍는 장면이 나옵니다. 아들의 엄지손톱입니다. 살인을 저지르던 중에 떨어져 나간 것이죠. 행여나 그것이 단서가 되어 아들이 살인범으로 잡힐까 봐 어머니는 죽는 순간에 그것을 삼켜 버립니다. 그는 '공공의 적'이었으나 어머니에게는 보호해야 할 아들이었던 것입니다.

요즘 '정의' '보복' '적폐' 같은 말들을 많이 합니다. 세상 속 공공의 적을 찾아내고 처단해야만 정의가 만들어지는 것처럼 말합니다. 물론 분명 누군가는 해야 할 일입니다. 그런데 한편으로는 꼭 잘못된 관행과 치부를 드러내고 심판해야만 정의가 이루어지는 것인가 하는 의문이 생깁니다. 공공의 적의 죄를 덮고 감춰 줄 '어머니의 마음'은 없어도 되는 걸까요? 그런 마음도 한편에서는 필요하지 않을까요? 그런데 그 어머니의 마음을 요즘은 참 찾기가 힘든 것 같습니다.

나의 의로움을 드러내는 제일 좋은 방법은 '공공의 적'을 만드는 일입니다. 교회가 부흥하려면 주변의 다른 교회를 비판하는 것이 훨씬 효과적입니다. 정치적인 세를 규합하기 위해서 상대방을 공격하고 치부를 드러내 추종자들의 마음을 들끓게 하는 것처럼 말입니다.

이런 분위기 속에서 그런 말이 듣고 싶습니다.

"공적으로는 도저히 용납되지 않지만 사적으로 내가 품고 용서하겠습니다."
"교회가 잘못했지만 그리스도의 몸이니 아픔을 감수하고 보호하겠습니다."

만약 한강에서 자식을 강에 던지겠다는 아버지가 있다면 욕하지 않을 사람이 누가 있겠습니까? 그런데 그런 일을 실제로 한 분이 있습니다. 하나님 아버지십니다. 하나님은 당신의 거룩한 아들을 이 지옥과 같은 세상에 던지셨습니다. 어떻게 이해할 수 있겠습니까? 마땅히 비난받아야 할 그 일을 우리는 은혜라 고백하지 않습니까?
은혜 아니면 하나님 앞에 설 수 있는 존재가 어디 있을까요? 이 세상에 폭로하는 정의가 있다면, 덮어 주는 은혜도 있어야 하지 않을까요? 폭로하는 정의보다 덮어 주는 은혜가 더욱 아프고 힘들다는 것을 적어도 우리 그리스도인들은 알지 않나요?

폭로와 복수의 칼이 이 세상에 정의를 가져다주지는 않습니다. 누군가는 그 불의의 고리를 끊어낼 수 있는 용기와 결단이 필요합니다. 우리는 그것이 은혜였음을 압니다. 더 이상 이 세상에서 동물을 잡아 피의 제사를 드릴 필요가 없도록, 예수님이 단번에 화목제물이 되셨던 것이 우리가 믿는 신앙의 진리임을 말입니다.

"얼마나 아프실까 하나님의 마음은
인간들을 위하여 아들을 제물로 삼으실 때
얼마나 아프실까 주님의 몸과 마음은
사람들을 위하여 십자가에 달려 제물 되실 때
얼마나 아프실까 하나님 가슴은
독생자 주셨건만 인간들 부족하다 원망할 때"

주님이 마음 아파하시는 이유는 제물이 되셨기 때문이 아니라, 왜 주님이 제물 되셔야만 했는지를 잊고 살아가는 우리 때문이 아닐까요?

옳은 일이라고 다 정의가 아닙니다 _____

_____

_____

_____

길지 않은 목회의 여정 가운데 떠오르는 해결하지 못한 부담감이 있습니다. 저는 젊은 시절 목회를 하며 특히 '정의'에 대한 생각을 많이 했습니다. 완전할 수 없어도 그렇게 살려고 노력했죠.

군목 시절 저에게는 참 많은 열정이 있었고, 열심히 사역하다 보니 지휘관이 저를 참 많이 신뢰했습니다. 그래서 일주일에 한 시간 정도 아무도 없는 자리에서 지휘관과 독대를 하게 되었고, 그 시간을 통해 부대의 이야기를 전해 주었습니다.

그러던 어느 날 저를 분노하게 하는 일이 일어났습니다. 한 대대의 당시 주임상사 중에 한 명이 병사들이 먹어야 하는 부식을 빼돌리고 있다는 사실을 알게 된 거죠. 당연히 저는 지휘관과 독대한 자리에서 그 일을 보고하게 되었고, 그 사람은 보직 해임되었습니다. 물론 저는 불의한 일을 하지 않았습니다. 그런데 오랜 시간이 지나 마음의 부담이 된 것은 그 사람을 하나의 인격과, 한 가정의 가장으로 보려는 따뜻한 마음이 없이 그저 단죄했던 그날의 제 모습 때문이었죠.

또 하나의 기억은 1년간 대전 통합병원에서 군목으로 근무할 때였습니다. 갑자기 잘 아는 권사님 한 분이 많은 선물을 싸서 저를 찾아오셨습니다. 이유인즉 아들이 지금 병원에 입원해 있는데, 군의관에게 잘 이야기해서 좀 더 병원에 있도록 해 달라는 부탁이었습니다. 그 이야기를 듣고 저는 군의관을 찾아갔습니다. 그리고 그런 병사는 빨리 자대로 돌려보내야 정신을 차린다고 했죠. 그리고 그 병사는 자대로 가게 되었습니다. 아무리 생각해도 제가 잘못한 것은 없는데 마음이 편치 않았던 이유는 옳은 일을 한다면서 그 부모의 마음을 헤아리지 못했던 정의감 때문이었던 것 같습니다.

누군가의 마음을 배려하지 못하는 정의감이 얼마나 유치할 수 있는지 모릅니다. 하나님의 마음을 상실한 정의로운 일들이 그렇게 정의롭지만은 않을 수도 있습니다. 아마도 옳은 일을 행하고도 마음이 편치 않은 이유는 '내 마음'대로 행한 일이기 때문은 아닐까요?

우리가 정의로운 일을 행하고도 왠지 마음이 편치 않을 때, 우리 속에 하나님의 마음이 있었는지를 한번쯤 생각해 보면 좋겠습니다. 옳은 일을 유익하게 행하는 일이야

말로 점점 성숙해 가는 그리스도인들이 고민하며 해야 할 일이 아닌가라는 생각이 듭니다.

다른 사람의 마음을 아프게 하는 일들이 많이 없어졌으면 좋겠습니다.

'따뜻한 정의' 뭐 그런 거 없을까요?

Sandvika, Norway (1895)
Claude Monet

자꾸 지적만 한다고 권위가 생깁니까 ——————

'퀴어 축제'에 반대하는 '보수 기독교'의 시위가 계속해서 뉴스 전파를 탔습니다. 그런데 참 이상합니다. 분명 진리를 말하는데, 왜 그리 힘없는 외침으로 들릴까요? 한국 교회는 분명 옳은 일을 하고 죄를 지적하는데, 왜 세상으로부터 조롱을 당하는 걸까요? 분명히 진리를 말하는데 그 진리가 힘을 잃었다면, 그 진리를 말하는 사람을 신뢰하지 못한다는 증거가 아닐까요?

분명한 점은 동성애를 반대하는 행동이 잘못은 아니라는 것입니다. 그렇다면 문제가 뭘까요? 잘못을 지적하는 우리가 먼저 하나님 앞에서 회복되어야 하는 부분이 있지는 않을까요? 불의를 불의한 자들이 지적해 봐야 그 말엔 힘이 없습니다. 거룩한 자들이 불의를 지적할 때 힘이 있고 권위가 살아납니다.

부목사님을 통해 은혜받은 말씀을 나누고 싶습니다. 너무나 잘 아는 다윗의 이야기입니다. 하나님 마음에 합하게 살았던 다윗의 이야기도, 밧세바를 범하며 하나님께 죄를 범했던 다윗의 이야기도 우리는 잘 압니다. 끝까지 하나님 앞에서 버림받지 않고 살았던 다윗의 위대함은 자신의 죄를 지적하는 나단 선지자 앞에서 아주 심플하게 반응한 것에서 드러납니다. 우리는 죄에 대하여 참 많은 변명을 하지는 않습니까? 그렇게 변명하다 보면 자신을 정당화할 이유들을 갖다 붙이게 되지는 않나요?

요즘 우리는 말씀의 능력도, 교회의 권위도, 크리스천의 영향력도 찾아보기 힘든 시대를 살아갑니다. 그래서 '다시 모이자'라는 시도도 하고, 세상의 불의한 일들과 죄에 대하여 '지적'을 하기도 합니다. 하지만 세상은 꿈쩍도 하지 않습니다. 오히려 그런 우리를 비난합니다. 비난을 받는 것이 자랑스러울 때도 있고, 부끄러울 때도 있습니다.

우리를 향한 세상의 비난이 자랑스러울 때는 우리가 진리와 거룩함으로 무장되어 있을 때입니다. 그 비난이 부끄러울 때는 거룩하지 못한 우리가 세상을 향해 손가락질할 때입니다.

능력을 상실한다는 것은 하나님이 더는 우리를 사용하시지 않는다는 증거입니다. 예배의 자리에 있으나 하나님이 쓰시지 않을 때 우리는 용도폐기된 존재에 불과합니다. 그런데 그 사용의 기준이 거룩함에 있는 것 같습니다. 그렇다면 우리에게 주어진 동일한 삶, 그리고 일정한 시간 속에서 거룩함의 분량을 늘리는 방법은 무엇일까요?

혹시 우리는 지나치게 죄를 묵상하면서 살아가지는 않나요? 죄에 대한 이유와 결과들을 많이 묵상하면 할수록 변명이 늘어납니다. 그래서 죄를 죄로 보는 훈련이 필요합니다. 그러면 우리가 묵상해야 할 것은 무엇입니까? 바로 하나님입니다. 하나님을 얼마나 묵상하며 살아갑니까? 죄가 아니라 하나님을 묵상하면 능력이 늘어나지 않을까요?

교회가 보여 주고, 성도가 살아가야 하는 삶의 방식은 세상의 죄를 지적하는 것이 아니라, 하나님의 사람으로 살아가는 방식을 묵묵히 보여 주고 살아 내는 것입니다. 점점 능력 잃어 가는 교회를 보며 우리가 아프고 힘든 만큼 하나님도 안타까우실 것입니다. 아무리 안타까워도 더 이상 힘자랑하는 것이 아니라, 아주 심플하게 하나님 앞에서 우리의 약함을 인정하고 살아가야 하지 않을까요?

술 마셔도 올 수 있는 교회 어떤가요 _____

주일 설교를 하고 나면 대개 저는 성도들이 예배당을 다 빠져나갈 때까지 찬양팀과 함께 강단에 서서 찬양을 합니다. 그러다 보면 꼭 필요한 사람들이 강단으로 찾아옵니다. 인사와 함께 이런저런 이야기도 나누고 기도 부탁도 합니다.

언젠가 술에 취한 한 청년이 강단 앞에 서있는 저를 찾아 왔습니다. 주변에 있던 목회자들은 무슨 일인가 하여 그 청년을 말리려 했습니다. 행여나 돌발 상황이 벌어질 경우를 대비한 것입니다. 그런데 술 냄새를 확 풍기며 다가온 그 청년은 울고 있었습니다. 울며 해준 이야기를 완전히 다 알아듣지는 못했지만, 요약하자면 몇 주를 같이 오던 어머니가 못 오고 자기 혼자 왔다는 내용이었습니다. 그리고 청년이 한마디를 하더군요.

"목사님, 저 살고 싶어요!"

속사정이야 어떤지 몰라도 그 눈물과 고백에 마음이 아파 끌어안고 기도해 주었습니다. 그런 후에 청년부 목사를 소개해 주었습니다.

이래저래 바쁘게 뛰어다니다가 엘리베이터 안에서 그 청년을 다시 만났습니다. 함께 탄 사람들이 얼굴을 찌푸릴 정도로 술 냄새가 나더군요. 한쪽 구석에 비켜서 있던 청년이 저에게 조용히 물었습니다.

"목사님, 술 먹고 교회 와도 되나요?"

"그래, 괜찮아."

그렇게 청년을 보내고 많은 생각을 했습니다.

술 마신 사람이 찾아올 수 있는 교회가 되어야 하는데, 술 마시면 오기 힘든 교회가 되어 버렸습니다. 교회 다니면서 술을 마시는 것과 술을 마신 사람이 찾아올 수 있는 교회는 다르죠. 예수님이 참 많이 질책하셨던 위선적이고 바리새적인 교회의 모습이 우리의 모습 속에서 너무 선명하게 나타나고 있다는 생각이 들었습니다.

세상에 없던 교회를 꿈꿉니다! 우리가 꿈꿔야 하는 세상에 없던 교회는 어떤 모습일까요? 전혀 생각해 보지 못한, 아직 교회를 다니지 않는 사람들에게 아주 흥미롭고 매력적인 교회가 아닐까요? 처음 예수님을 만났던 사람들이 그분의 말씀을 듣고 깜짝 놀랐던 것처럼 말이죠. 예수님이 이 땅에 오셔서 복음을 전하고 제자들에게 부탁하신 교회는 이전까지 존재하지 않던 그런 교회가 아니었을까요?

오늘 하루도 하나님이 우리를 아주 놀랍게 사용하실 수 있기를 바랍니다. 세상에 없던 교회, 세상에 없던 그리스도인, 세상에 없었던 일을 생각합니다.

The Artist's House at Argenteuil (1873)
Claude Monet

십자가를 이용하고 있진 않습니까

크리스천 정치인들과 이야기할 기회가 있었습니다. 제가 물었습니다.

"정치인 중에도 크리스천이 많은데, 왜 그런 분들이 소망이 되기는커녕 욕을 먹게 되었을까요?"

그러자 이렇게 말합니다.

"목사님! 그 사람들 크리스천 아닙니다. 단지 신앙 있는 척 복음을 이용하는 사람들입니다."

그런 생각을 했습니다. 교회 다니는 사람과 신앙인은 다르다는 것, 그리고 우리에게 이제는 이 둘을 구분할 수 있는 지혜가 필요하겠다는 것입니다. 복음을 지키는 자가 있고, 복음을 이용하는 자가 있다는 것을 말입니다.

성경에는 아주 중요한 사상이 있습니다. 이사야서에 나오는 '남은 자' 사상이죠. 하나님은 끝까지 세상 유혹에 굴복하지 않고 신앙을 지키는 자들을 구원하실 것입니다. 하나님은 그런 남은 자들을 찾고 계십니다. 구원의 때가 되면 하나님은 이 남은 자들을 분명하게 드러내실 것입니다. 그리고 이들을 통하여 일하실 것입니다. 신앙의 영웅은 바로 이 신앙을 지킨 남은 자들입니다.

그런데 소수의 남은 자가 드러나고 하나님이 쓰시는 것이 증명되면, 남은 자들을 흉내 내는 사람들이 생깁니다. 그래서 가시적으로는 교회로 사람들이 모이기 시작하죠. 그것을 우리는 교회의 부흥이라고 일컬었습니다. 그런데 이런 부흥에 함정이 있습니다. 수많은 무리 가운데는 복음을 지켜 내는 남은 자들보다 남은 자들을 흉내 내며 복음을 이용하려는 자들이 몰려드는 것입니다.

그렇게 복음을 이용하려는 자들로 인해 하나님의 영광이 가려지면 하나님의 교회는 핍박을 받고 세상으로부터 조롱거리가 됩니다. 바로 지금 우리가 그런 때를 지나가고 있습니다.

목회데이터연구소의 2023년 조사 결과에 따르면 대한민국에서 종교인 비율이 계속해서 줄어드는 가운데, 그럼에도 기독교인의 비율이 타 종교에 비해 가장 높다고 발표했습니다. 그런 것에 비해 우리가 살고 있는 세상에서 교회가 칭찬받고 있는 것 같지는 않습니다. 오히려 멸시와 조롱을 받으며 더욱 외면당하고 있지요. 우리가 복음을 지키는 자들이 아니라 복음을 이용하려는 자들이 되어 버린 것은 아닐까요? 복음을 지킨다는 것은 우리가 마땅히 져야 할 것을 지고, 우리에게 주신 가시조차도 하나님의 은혜로 알고 살아가는 사람이 된다는 것이 아닐까요?

생각해 봐야겠습니다. 우리가 마땅히 져야 하는 십자가가 혹시 '영광의 자리'에 올라가기 위한 수단이 되어 버리지는 않았는지 말입니다.

십자가가 목적을 이루기 위한 '수단'이 되면 언제든지 버릴 수 있습니다. 십자가가 '목적'이 된 사람만이 주어진 십자가를 묵묵히 지고 갈 수 있는 것입니다. 세상을 바꾸려고 예수님을 찾아왔던 사람들과 제자들이 십자가를 지기 위해 골고다로 향하는 예수님을 이해할 수 없었던 이유입니다.

언젠가 우리 교회 부목사님의 설교를 들으며 깊이 생각하게 된 이야기가 있습니다.

"한 사람이 예수님처럼 살고 싶어서 예수님을 흉내냅니

다. 십자가를 지고 예수님이 가셨던 길을 따라 걷다가 결국에는 골고다에서 십자가에 달립니다. 그런데 십자가 아래 있는 사람들이 자신을 조롱합니다. 예수님이 달리셨을 때처럼 말입니다. 도저히 그 조롱을 참을 수 없었던 이 사람은 십자가에서 내려와 조롱하는 사람의 뺨을 때립니다. 맞은 사람도 때린 사람도 어이가 없는 상황이죠. 이 사람이 무언가 잘못되었다는 것을 알고는 다시 십자가에 올라가려고 뒤를 돌아보니, 이미 십자가는 사라져 버리고 말았습니다."

마땅히 져야 할 십자가를 지지 않고 내려오면 우리가 져야 할 십자가는 사라져 버립니다. 십자가는 묵묵히 지며 지켜 내는 것입니다. 왜냐하면 그것이 우리를 부르신 이유이기 때문입니다.

혹시 우리 인생에 가시가 있다면, 혹시 우리가 져야 할 십자가가 있다면 그저 묵묵히 지고 가 봅시다. 하나님이 우리와 함께하겠다고 약속하셨으니 말입니다. 십자가를 벗겨 주시는 것이 아니라, 십자가를 지는 우리와 끝까지 함께하시겠다는 말입니다.

이 시대에 복음을 지켜내는 자들이 필요합니다. 십자가를 지며 복음을 지켜 내야, 우리의 삶이 복음을 말하기 시작합니다. 오늘도 치열함이라는 말을 생각하게 되네요.

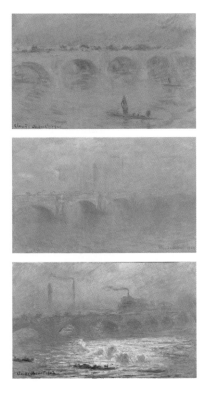

Waterloo Bridge (1902, 1903)
Claude Monet

개혁은 처음 마음으로 돌이키는 것입니다————

_____

_____

_____

세상의 힘을 가진 이들에게는 십자가가 참 미련하게 보입니다. 세상을 바꾸고, 하나님의 나라를 세우려는 자들이 그렇게 무기력하게 십자가에서 죽어야 하는 이유를 이해하지 못하기 때문이죠. 그런데 이제 교회에서도 십자가를 미련하게 보는 것 같습니다. 하나님의 나라를 십자가가 아니라 세상의 힘으로 만들 수 있다고 생각하니 말입니다.

그런 생각이 들더군요. 하나님이 이 땅에 교회를 세우신 이유는 우리가 얼마나 힘이 있는지를 보여 주라는 것이 아니라, 힘없는 곳이라는 사실을 증명하라는 것은 아닐까요? 힘이 없다는 뜻은 하나님이 능력이 없다는 것이 아니라 '세상의 힘'을 쓰지 않는 곳이라는 의미입니다.

우리는 흔히 "한국 교회의 힘을 보여 줍시다"라고 말합니다. 무엇이 교회의 힘입니까? 진짜 교회가 보여 주어야 할 힘은 십자가가 아닐까요? 그런데 세상의 조롱을 참지 못하면 십자가는 아무런 능력이 없습니다. 예수님이 십자가 위에서 당하신 조롱을 참으며 끝까지 내려오지 않으신 이유가 무엇일까요? "하나님 나라는 세상과 다르다! 하나님 나라는 힘으로 세워지는 것이 아니다!"라는 것을 십자가에서 죽음으로 증명하신 것이 아닐까요?

예수님은 공생애를 사시며 성전을 개혁하셨습니다. 때로는 무섭게 채찍을 드셨죠. 처음 성전을 허락하신 하나님의 마음이 그곳에 없었기 때문입니다. 그리고 예수 그리스도의 부활 이후 임한 성령강림 사건으로 초대 교회가 시작됐습니다. 무서운 핍박 탓에 제자들이 이곳저곳으로 흩어졌고, 그곳마다 교회가 세워졌죠. 그런데 얼마 지나지 않아 교회들이 주님의 마음을 잃어버리고 싸우기 시작했습니다. 그 교회들을 향해 안타까운 마음으로 바울이 쓴 편지가 신약 성경의 서신서입니다.

그러다가 중세 교회에 와서 종교 개혁이 일어났습니다. 다시 말씀과 은혜와 믿음으로 돌아가자는 운동이었습니다. 그러고 보면 개혁은 새로운 것이 아니라 처음으로 돌아가는 것일지 모릅니다. "새로워집시다!"라는 말은 새것을 만들자는 게 아니라, "처음 마음으로 돌이킵시다!"라는 뜻입니다. 주님이 교회를 세우셨을 때의 처음 마음, 우리가 하나님을 만났을 때의 처음 마음, 우리가 하나님의 일을 하겠다고 헌신했던 처음 마음이 개혁이고 능력입니다.

세상에 없던 교회는 존재하지 않았던 교회가 아니라 하나님이 세우신 교회입니다. 세상에 없던 목사는 존재하지 않았던 목사가 아니라 처음 부르셨을 때의 마음을 가진 목사입니다. 세상에 없던 교인은 특별한 존재가 아니라 처음 주님을 만났을 때의 마음을 간직한 사람입니다.

제가 이런 말 할 자격이 있을는지는 모르겠습니다. 그래도 꼭 하고 싶은 말이 있습니다.

"힘 없는 것 자랑하고 삽시다!"

교회에 사람이 많이 모여 큰 건물이 있는 것, 예산 많은 것이 미안하고 죄송해서 절대로 자랑할 수 없었으면 좋겠습니다. 그런 목사, 그런 교인, 그런 사람이 되는 꿈을 꿉니다.

복음은 불편한 게 맞습니다

새가족들과 함께하는 애찬 자리에서 들은 이야기입니다. 우리 교회로 오게 된 여러 가지 사연과 이유를 듣던 중에 한 사람의 이야기가 오랫동안 제 귓가에 맴돌았습니다.

그 사람은 어쩔 수 없는 사정으로 인해 분당으로 이사를 오게 되었고, 신앙생활 할 교회를 찾게 되었습니다. 이곳 저곳 알만한 교회들을 다니며 예배를 드렸답니다. 사실 저는 목회하며 이런 분을 많이 만났습니다. 만나교회를 거쳐 다른 교회를 찾아간 사람도 참 많을 것입니다. 그 기준이 무엇인지는 모르지만 내 마음에 드는 교회를 찾는 게 아닐까요?

그런데 그 사람이 만나교회에 등록한 이유에 대해 이렇게 말하더군요.

"처음 교회를 찾아와 예배를 드리는 순간부터 설교를 듣는 내내 마음이 불편했습니다. 그래서 바로 교회에 등록했습니다. 제가 찾던 교회가 바로 말씀을 들을 때 마음이 불편해지는 교회였거든요."

그리고 주일 새벽 조용히 어머니 기도실에서 말씀을 준비하며 기도하는데 이런 기도가 나왔습니다.

"하나님 오늘 이 말씀이 예배드리는 모든 이의 마음을 불편하게 하여 주옵소서. 그리고 먼저 저의 마음이 불편하게 하여 주옵소서."

가만히 생각해 보니 예수님을 따르겠다고 찾아온 군중을 향해 예수님이 말씀을 시작하셨을 때 사람들의 마음이 불편해지기 시작했던 것 같습니다. 그래서 어떤 사람은 불편한 마음으로 예수님을 떠났지요. 그런데 어떤 사람들은 불편한 마음이 든 이유가 예수님 말씀이 곧 하나님의 말씀이기 때문임을 알았습니다. 그래서 목숨 걸고 주님을 따르기도 했습니다.

복음은 좋은 것이지만 쉬운 것은 아님이 분명합니다. 하나님 나라는 말씀으로 마음이 불편해진 사람들이 진지하게 반응할 때 이루어지는 나라가 아닐까요? 그래서 이런 소원이 생겼습니다. 새가족이 해준 그 한마디가 강단을 지키는 동안 뇌리에서 떠나지 않기를 바랍니다.

"언제나 말씀이 마음을 불편하게 하여 주옵소서!"

오늘도 하나님의 말씀으로 마음이 불편한 이들이 아름다운 하나님 나라를 만들어 가는 꿈을 꾸었으면 좋겠습니다.

Waterlilies (1907)
Claude Monet

세상을 바꾸는 것은 권력이 아닙니다 _____

_____

_____

_____

요즘은 정치권 핵심 인물이 '어디 교회 교인이었다'는 말이 나올까 봐 조마조마합니다. 목사 같지 않은 사람이 목사 명찰을 달고 정치적 여론몰이를 할 때, 그래서 여론의 뭇매를 맞는 모습을 볼 때, 그런데도 부끄러운 줄 모르고 여전히 목사 행세하며 권력의 노예가 되어 있는 듯할 때 정말 마음이 상합니다. 혹시 권력을 가지고 하나님의 일을 하려는 착각에 빠져 있는 것은 아닐까요? 그런데 역사가 증명하듯, 세상 권력에 가까이 간 교회는 틀림없이 타락합니다.

예수님이 십자가를 지려 예루살렘으로 가시는 도중에 야고보와 요한이 예수님께 자리를 요구합니다. 하나는 예수님의 왼편에서, 다른 하나는 예수님의 오른편에서 힘을 가지고 세상을 바꿔 보자는 것이 아니었을까요? 적어도 3년을 예수님과 동행한 제자들이 단순히 자리와 권력이 탐났던 것은 아니라고 믿습니다. 아마도 그들은 그 자리에서 세상을 바꾸는 일을 해 보고 싶었을 것입니다.

그런데 예수님의 대답은 의외였습니다. 하나님의 나라는 섬기는 자리에서, 그리고 낮은 자리에서 이루어지는 것이라고 말이죠. 그것을 보여 주시기 위해 예수님은 십자가 위에서 내려오지 않고 죽으셨습니다. 십자가 위에서 능력을 보여 세상을 깜짝 놀라게 하거나 적들을 물리친 것이 아니라 죽으심으로 악을 이기셨습니다. 이것이 '십자가의 방식'입니다. 결코 세상이 알 수도, 이해할 수도 없는 십자가의 도입니다.

그런데 주님을 따라다니던 사람들과 한국 교회가 예수님께 이렇게 말합니다.

"예수님, 세상을 바꾸기 위해서 권력의 핵심에 있어야겠습니다. 대통령의 오른쪽이나 왼쪽 아니면 저 발꿈치에라도 앉게 해주세요!"

권력이 무너질 때마다 권력을 가졌던 자들이 하나같이 타락하는 모습을 통해서 주님이 이렇게 말씀하시는 것 같습니다.

"봤지? 세상 권력으로는 세상이 변하지 않는다! 권력은 또 다른 부패와 악을 만들어 낼 뿐이야."

요즘 제 마음에 계속 떠오르는 문장이 있습니다. 쉐인 클

레어본(Shane Claiborne)이 쓴 책의 제목입니다.

"믿음은 행동이 증명한다!"

우리가 믿음이 있다는 증거는 누구를 칭찬하거나 비난하는 데 있지 않습니다. 믿음으로 우리가 어떤 행동을 하느냐에 있습니다. 누군가를 비난하는 것은 쉽습니다. 하지만 믿음으로 행동하는 것은 쉬운 일이 아닙니다.

우리는 그동안 역사를 통해 부끄러움을 당한 많은 사람을 봅니다. 불의한 권력이 힘을 가질 때 그곳에 함께 있었던 사람들, 불의한 것임에도 불구하고 힘의 논리 앞에 정당성을 부여했던 사람들이죠. 예수님은 늘 죄인들을 사랑하셨지만 불의한 일들을 용납하지는 않으셨습니다.

이제는 교회가 권력을 가진 자와 가까이 있음을 자랑하지 않았으면 좋겠습니다. 우리 한국 교회와 지도자가 교회의 이름으로 서야 하지 않을 곳에는 서지 않았으면 좋겠습니다. 목사답지 않은 사람을 목사라 부르는 것이 부끄러운 것처럼, 우리가 '크리스천'이라 불리는 것이 하나님 나라에서 부끄럽지 않았으면 좋겠습니다.

지는 것도 은혜입니다 ─────────────

한번은 영성 훈련을 인도하기 위해 오고가는 비행기에서 하나님이 굉장한 눈물을 주셨습니다. 행여 사람들이 오해할까 얼굴을 제대로 들 수 없을 정도였습니다. 그때 깨달았던 것이 나는 참 열심히 노력하며 목회한다고 생각했는데, 참 치열하게 삶을 산다고 했는데, 하나님은 나의 노력으로 일하시는 분이 아니었다는 사실입니다. 단지 은혜로 나를 사용하셨다는 것을 깨닫게 하셨습니다.

영성 훈련 설교를 시작하면서부터 눈물이 흘러 설교하기 힘들었습니다. 하나님은 우리 교회를 위해 많이 우셨습니다. 그 눈물은 절망이 아니라 소망의 눈물이었습니다. 우리를 향한 실망의 눈물이 아니라, 가슴 벅찬 하나님의 마음이었습니다.

그때 저는 은혜가 무엇인지를 깨달았습니다. 하나님이 깨닫게 해주셨습니다. 무엇보다 사도 바울이 고백하는 은혜를 조금 더 명확하게 알게 되었습니다. 하나님의 은혜를 알고 자신의 권리를 쓰지 않았다는 것, 하나님의 은혜를 알고 스스로 자유의 노예가 되었다는 것, 그리고 그런 그의 삶으로 인해 얼마나 큰 축복을 소유했는지 말입니다. 하나님의 은혜란 자신이 할 수 있는 자유와 스스로의 옳음을 증명하며 사는 삶이 아니라는 것을 깨닫게 하셨죠.

지금 이 시대에 큰 교회를 목회한다는 것이 죄처럼 느껴질 때가 있습니다. 내 생각에 이유가 없이 비난이 쏟아질 때 억울하죠. 이러한 시대에 큰 교회를 담임하는 목사의 아들이라는 이유로 신학교에서 신학을 공부하고 목사가 되려는 소명도 죄인처럼 느껴지는 것은 더욱 억울한 일입니다.

그래서 많은 교회가 그랬듯이 저도 그렇게 큰 교회가 나쁘거나 잘못된 것이 아니라는 사실을 말하고 증명하고 싶었습니다. 그런데 하나님이 그런 가르침의 은혜를 주시더군요.

"나는 너희 교회가 잘했고 잘못했고를 따지고 싶지 않다. 아니 교회가 잘못하여 악한 일을 하고 있다고 생각하지 않는다. 그런데 너희 교회를 통해 어떤 '덕'이 세워졌지?"

하나님 나라의 구원과 영광을 위해 기꺼이 포기한 자유와 권리가 무엇인지를 물으셨습니다. 진정한 하나님의 은혜는 우리가 마땅히 누리는 권리와 옳음을 주장하는 데서 오는 기쁨이 아니라 하나님 나라와 영광을 위해 기꺼이 포기할 때 찾아오는 기쁨이라는 것을 말입니다.

우리가 살고 있는 이 세상과 사람들은 우리가 끝까지 싸우고 이겨야 하는 대상이 아닙니다. 그들 역시 영혼 속에는 생수에 대한 갈망을 가진 사람들이라는 것을 보아야 합니다. 성도들의 자존심이란 누군가를 이겨서 증명되는 나의 의가 아니라 어떤 상황에서도 드러나야 하는 하나님의 영광, 그리고 구원의 역사가 되어야 합니다.

하나님의 은혜는 싸워서 이기는 것이 아니라 아름다운 덕을 세우는 것입니다. 하나님의 은혜는 정의를 실현하는 것이 아니라 하나님 나라를 이루어 가는 것입니다. 하나님의 은혜는 하나님을 적대하는 악한 자들과 싸우는 것이 아니라 그들을 향한 하나님의 아픈 마음, 그분의 눈물을 볼 수 있어야 하는 것입니다. 그리고 이 모든 일을 하며 손해보는 억울함이 아니라 깊은 곳에서 샘솟는 기쁨과 감사를 고백하는 것이 은혜입니다.

우리가 오늘도 하나님의 진정한 은혜를 누릴 수 있다는

것은 말로 할 수 없는 커다란 특권입니다. 하나님의 사람은 의무를 다하는 사람들이 아니라 특권을 누리는 사람들입니다.

Coup de vent (1881)
Claude Monet

4

해결할 생각 말고
기도합시다

기도한다면서 떼쓰고 있지는 않습니까

누군가 "기도합시다"라고 한다면 둘 중 하나입니다. 문제를 회피하려는 것이거나, 아니면 정말 할 수 있는 것이라곤 기도밖에 없는 것입니다. 사실 문제가 생기고 사건이 터졌을 때 우리가 외치는 구호 중에 "기도합시다"만한 것이 있을까요? 내 무력함을 인정하는 말이고 강단에서 선포하는 절규인데도 이 말이 때로는 공허하게 들리는 이유가 뭘까요?

기도에 대해 묵상하면서 말씀을 준비하다 보니 조금은 답을 알 것 같았습니다. 문제는 기도하지 않는 것이 아니라 순종하지 않으려고 기도한다는 것입니다. 언뜻 이해가 안 되는 말 같습니까? 생각해 보세요. 누군가 비장하게 기도하려고 각오하고 작정했다면, 하나님의 뜻대로 살려고 하는 기도이기보다는 하나님의 뜻을 피해 보려는 수단이 아닌가 의심해 볼 수 있다는 말입니다.

헬무트 틸리케(Helmut Thielicke)라는 독일의 복음주의 신학자는 기도에 관하여 아주 의미 있는 말을 했습니다. 마태복음 7장에서 예수님이 기도에 대하여 말씀하실 때, "두드리라"고 하신 이유가 우리의 생각과 다르다는 것입니다. 우리는 '두드림'을 그저 필요를 구하는 행동으로 해석

했는데, 사실 주님은 존귀하신 하나님 앞에 우리가 '서 있다'는 뜻으로 말씀하셨다고 합니다. 즉 하나님 앞에서 두드리는 행위는 함부로 쉽게 기도할 수 없다는 의미입니다. "하나님 제가 들어가도 되나요? 하나님 제가 기도해도 되나요?"라고 물어야 합니다. 그것이 그분의 인격 앞에 우리가 서 있다는 증거입니다. 존귀하신 하나님 앞에 문을 두드리며 만나게 될 때, 그 기도의 방에서 참된 기도가 시작된다는 말입니다.

하나님을 존중하지 않는 기도란, 내 마음대로 하나님을 통제하려는 아주 불경한 태도가 아닐까요? 사실 기도란 하나님 앞에서 나를 통제하는 것인데 말입니다. 그런 의미에서 본다면 "구하라"라는 말은 하나님의 뜻을 구하는 기도를 하라는 의미가 아닐까요? "찾으라"라는 말 역시 하나님의 마음과 눈으로 인생의 문제를 찾으라는 의미가 아닐까요?

하나님을 존중하면 네 가지가 보일 것입니다. 내가 서 있는 곳에서 '하나님'이 보이고, 기도하는 '내'가 보이고, 내가 살아가는 '세상'이 보이죠. 그러면 '사명'이 보이지 않을까요? 하나님 앞에서 보이는 나는 참 부끄러운 존재죠.

그래서 회개할 수밖에 없습니다. 세상이 보이면 세상을 생각하고 기도하고 배려할 수밖에 없습니다. 기도의 능력은 우리를 사명으로 인도하는 힘입니다.

디트리히 본회퍼(Dietrich Bonhoeffer)가 이런 말을 했습니다.

"경건하려고 하는 기도는 음란 행위다!"

처음엔 이 말이 잘 이해가 되지 않더군요. 그런데 몇 번쯤 반복해서 읽어 보니 의미가 확실합니다. 기도는 우리의 경건함을 보이기 위한 것이 아니라, 우리가 죄인임을 확인하고 고백하며 하나님께 나아가는 것이구나! 기도의 능력은 우리가 마땅히 구할 것을 구하는 것이 아니라, 자격 없는 우리가 겸손하게 나아가 하나님의 능력을 구하는 것입니다.

"기도합시다!"라는 말이 우리 크리스천들에게 가장 능력 있는 말이 되고, 우리가 처한 모든 상황에 가장 정확한 답이 되기를 바랍니다. 우리 믿음의 선배들이 아픈 가슴을 부여잡고 하나님 앞에서 "아버지!"라고 외쳤던 절규는 하나님 앞에 모든 것을 내려놓고 기다렸던 마음이 아니었을까요? 우리가 예측하는 결과를 가지고 떼를 쓰는 것이 아니라, 전적인 포기이자 순종의 외침과 같은 것 말입니다. 그렇게 포기하고 순종할 수밖에 없는 일이란, 우리가 가진 것도 능력도 없을 때가 아닐까요? 그렇게 우리가 기도하지 못하는 이유는 우리가 스스로 가진 것도, 능력도 참 많다고 생각하기에 내 방법으로 하나님께 요구하는 것은 아닐까요?

혹시 이 글을 읽으며 "기도를 꼭 그렇게 어렵게 생각해야 하나요? 좀 쉽게 기도하면 안 되나요?"라고 말하고 싶습니까? 그런데 조금만 생각해 보세요. 기도를 어렵게 생각하면 쉬운 기도가 아닌 참된 기도를 할 수 있지 않을까요?

Nymphéas (1907)

Claude Monet

기도는 요술봉이 아닙니다

우리가 "기도합시다!"라고 말할 수 있는 건, 기도가 능력이 있음을 믿기 때문입니다. 하지만 그 기도가 진정한 능력을 가지는 때는 기도하는 사람을 통해 무언가 일이 만들어질 때입니다. 하나님이 영광을 받으시는 일들이 그것이죠.

제가 군목으로 사역하던 때, 전방에 있는 많은 부대가 땅굴을 찾기 위해 혈안이 되었습니다. 땅굴을 발견하면 진급이 되기 때문이죠. 그래서 믿음 좋은 부대장들이 소위 기도하는 사람들을 곁에 두었습니다. 기도하고 땅굴이 어디 있는지 시추하기 위해서였죠. 많은 기도하는 사람, 신앙인이 실망했습니다. 분명히 믿음으로 한 일들인데 땅굴을 발견하지 못한 것입니다. 또한 하나님을 믿지 않는 사람들도 점을 치는 사람이나, 뭔가 신령한 능력이 있다는 사람들을 데려다 물어보았겠지요. 마찬가지로 실망하고 말았습니다.

열심히 기도했지만 근본적인 물음이 없었습니다. 땅굴을 찾는 것이 하나님과 어떤 관계가 있는지 말입니다. 단지 많은 크리스천이 기도와 열심이라는 이름으로 자신의 영광을 드러내기를 원했을 뿐입니다. 우리의 내면을 가만히 들여다봅시다. 하나님의 영광과 관계없는 영성과 열심 그리고 능력을 가지고 자신을 드러내고 있지는 않습니까?

입시 때가 되면 부모들이 똑같이 기도합니다. 군에서도 진급 철이 되면 똑같이 기도하다가 흩어져 버립니다. 왜 하나님은 우리의 삶에 특별한 때만 필요한 분이 되셨을까요? 아무튼 군대에서 진급 철은 꼭 입시 때와 같습니다. 정기적으로 있는 11월의 군대 진급 시즌이 생각납니다. 진급 결과가 발표되기 전까지 참 많은 사람이 열심히 기도합니다. 그리고 그날이 지나면 새벽예배 참석 인원이 줄어듭니다. 그때 그런 생각을 했습니다. 참 믿음 좋은 사람들이 모여서 기도하는데, 문제는 그 믿음 좋은 사람만 모아 놔도 예정된 진급자의 몇 배가 된다는 것이죠. 그러니 아무리 믿음으로 열심히 기도해도 성공보다는 실패를 경험하는 사람이 많고, 하나님께 실망하기 마련입니다.

사실 우리가 진실한 기도를 한다면 진급하기 위해 기도하는 것이 아니라, 진급에 합당한 사람이 되도록 기도해야 하는 것이 맞지 않겠습니까? 만일 내가 준비되어 있지 않은 상태에서 지휘관이 된다면 그 지휘관이 믿음으로 지휘하기는 하는데 실력이 없어 문제를 일으킬지 모릅니다.

그러면 하나님께 영광이요, 사람에게 덕이 될 수 있을까요? 혹시라도 우리가 열심히 기도하는 것으로 하나님을 가리지 않도록 해야겠습니다.

100퍼센트 응답받는 기도의 비결이 있습니다. 하나님이 드러나고 영광을 받으시고, 하나님의 마음을 헤아리는 기도들이 응답 받습니다. 작은 일 하나에서부터 하나님이 드러나는 일 하나하나를 시작해 봅시다. 무지한 종교적 신념은 가장 잔인한 인간의 본성을 드러낼 뿐입니다.

우리의 본성에 하나님의 마음이 자리 잡는 것을 '신앙'이라고 말할 수 있어야 합니다. 어디에서부터인가 하나님의 마음이 시작되어야 할 때입니다.

누가 환난에 맞설 수 있겠습니까————————
————————————————————————
————————————————————————
————————————————————————

언젠가 유튜브에서 뉴욕 타임스퀘어교회의 카터 콜론 (Carter Conlon) 목사의 설교를 들은 적이 있습니다. 9·11 테러 사건 이후에 마지막 때를 준비하라는 메시지였습니다. 거짓된 교회로부터 빨리 도망하라는, 진정한 신앙을 회복하라는 내용이었습니다. 콜론 목사는 말합니다. "하나님이 우리를 지으시고 이 땅위에 보내신 이유는 환난을 견디도록, 그리고 더욱 단단해지도록 하기 위해서"라고 말입니다. 그러니 다가오는 시험이나 환난을 피하거나 두려워할 것이 아니라 견디고 이기라고 말입니다.

콜론 목사가 캐나다에서 사역하던 때, 집에 돌아와 보니 불이 나서 온 집안이 다 타 버렸답니다. 그런데 잿더미 속에서 유일하게 타지 않은 것은 벽난로와 굴뚝이었답니다. 이유는 간단합니다. 벽난로와 굴뚝의 벽돌이 불에 타지 않는, 오히려 불에 닿으면 더 단단해지는 소재였기 때문입니다.

하나님이 우리에게 진정한 믿음을 주셨다는 것은, 불 같은 시험 가운데서 증명됩니다. 진정한 믿음이 있다면 환난 가운데 점점 단단해질 것입니다. 반대로 거짓 믿음 가운데 살았다면 불 같은 시험 앞에서 여지없이 무너지게 될 것입니다. 오늘 우리에게 찾아오는 시험과 환난은 각자가 다 다릅니다. 하지만 그 가운데서 진정한 믿음이 무엇인지는 드러나게 될 것입니다.

불 시험을 치르는 것은 무척 힘듭니다. 하지만 우리가 점점 더 단단해진다는 믿음이 있다면 능히 환영할 수 있을 것입니다. "시험아! 나에게 오라. 내가 더욱 견고해 지리라!"라고 말입니다. 시험과 환난을 무서워하지 않는 믿음이 있다는 것이 참 멋지다는 생각이 듭니다.

어떤 일이 나에게 오더라도 그것이 나의 믿음을 단단하게 하는 것이 되기를, 환난을 피하기보다는 맞설 수 있는 이유가 되기를 바랍니다.

시험과 환난이 분명한 이유가 있다면 견딜 만하지 않을까요? 그것이 우리를 연단하는 것이라면 더 환영할 만한 것이 아닐까요? 우리가 겪고 있는 환난과 시험을 우리의 잘못으로 인한 재앙과 구별할 수 있다면 말입니다.

Rouen Cathedral, West Façade, Sunlight (1894)
Claude Monet

기도는 액세서리가 아닙니다

우리의 삶에는 늘 기대와 후회가 공존합니다. 아직 가 보지 않은 길이기에 기대가 되고, 우리가 선택하여 가지 못한 길에 대한 아쉬움이 있습니다. 우리의 삶에 후회가 되는 것은 지금 가고 있는 그 길이 최선이라는 확신이 없기 때문이기도 합니다. 아쉬움과 후회를 남기지 않을 최선의 방법은 늘 옳은 선택을 하는 것이겠지요. 우리가 인생의 문제를 놓고 늘 하나님 앞에 서야 하는 이유입니다.

우리가 기도할 때 하나님께 묻는 것은 '확답'을 받고자 함입니까, 아니면 '응답'을 받기 위함입니까?
R. T. 켄달(R. T. Kendall)의 《성령을 소멸치 않는 삶》이라는 책에 보면 아주 인상적인 예화가 나옵니다. 조금 주의 깊게 이야기를 읽어 보세요.

켄터키에서 사역하고 있던 어떤 목사님이 하와이의 한 교회에서 담임으로 청빙 요청을 받았습니다. 마침 그때는 교회 일로 무척 어려움을 당하던 때였죠. 이 목사님은 사모님에게 이렇게 말합니다.

"여보 이사 갈 준비를 하고 있어요. 나는 하나님께 기도해 볼 테니."

이해가 되셨나요? 이미 이사 갈 마음의 준비를 하고 하나님께 기도해 보는 이유는 무엇일까요? 이 문제에 대한 응답을 받기 위해서라기보다는, 자신이 결정한 일에 대한 확답을 위해서가 아닐까요?

하나님께 마음을 열고 기도하는 것은 자신의 결정을 확인받는 것이 아닙니다. 확인받고자 하는 마음으로 기도한다면 하나님의 다른 응답이 마음에 차지 않겠죠. 그동안 우리는 이런 신앙의 오류를 참 많이 행했던 것 같습니다.

오늘도 우리 앞에는 가 보지 않은 길이 참 많습니다. 우리가 결정해야 할 일도 참 많습니다. 열린 마음으로 하나님께 우리의 문제를 묻지 않는다면, 또 우리의 확신에 기도라는 액세서리를 덧붙이고 말 것입니다.

오늘도 우리가 가지 않은 그 길이 기대에서 후회로 바뀌지 않기를, 가지 못한 길에 대한 미련보다는 우리가 가고 있는 길에 대한 감사와 더 큰 기대가 있는 날들이 되었으면 좋겠습니다.

Poplars in the Sun (1891)
Claude Monet

때로는 침묵해야 합니다

기도를 하다 보면 하나님 앞에서 침묵하는 시간도 필요합니다. 하나님 앞에서 침묵한다는 것은 단순히 말을 하지 않는다는 것이 아닙니다. 내가 말하는 것보다 말씀을 듣는 것이 더 중요하다는 뜻입니다.

그동안 신앙생활을 하면서 참 많이 배운 것이 있습니다. 하나님 앞에 우리의 생각과 소원들을 마구 쏟아 내는 방법들입니다. 물론 우리에게는 당연히 그럴 특권이 있습니다. 그런데 그 특권을 누리다 보니 더 큰 은혜와 축복을 누리지 못하는 것 같습니다.

우리를 포근히 감싸 안으시는 사랑과 때로는 우리를 위해 아파하고 울어 주시는 성령님의 동행하심, 그리고 우리를 인도하시는 하나님의 계획 같은 것들 말입니다.

누군가 그런 말을 했습니다. 우리가 말을 배우는 데는 2년이 걸리지만 침묵을 배우는 데는 60년이 걸린다고 말이지요. 사실 중요한 것은 우리의 소원을 말하는 것보다, 우리를 향한 하나님의 계획을 아는 것인데 말입니다.

우리 신앙과 기도의 가장 큰 오류는 열심으로 인해 일방

적이 되는 것이 아닐까요? 우리의 열심이 하나님과 인격적 만남으로 이어지기 위해서는 침묵의 시간이 필요하지 않을까요? 하나님의 크심 앞에서 내 할 말을 잃을 때, 침묵할 수밖에 없을 때, 우리는 아무것도 하지 않는 것이 아니라 가장 위대한 일을 하고 있는 것이 아닐까요?

오늘은 침묵을 생각합니다. 오늘 내가 무엇을 말하기에는 그분이 너무 크고 존귀한 분이기 때문에 말입니다.

Meadow at Giverny (1894)

Claude Monet

용서 못하는 마음이 독입니다 ⸺⸺⸺⸺

회개와 용서의 기도에 관하여 생각해 봅니다. 회개하지 않는 인간의 불안함은 있어야 할 자리에 있지 않아서가 아닐까요? 때문에 하나님과 멀어진 인간이 어찌 불안하지 않을 수 있겠습니까? 회개하지 않는데 어떻게 용서가 이루어지겠습니까?

용서하지 못하는 사람은 독을 품고 사는 것과 같다고 합니다. 용서하지 않는 사람은 마치 자신이 독약을 먹고 상대방이 죽기를 기다리는 것같이 미련하다고 했습니다. 그렇게 용서는 상대방을 위한 것이 아니라 나를 위한 것이라고 많이 들어 왔습니다. 그럼에도 참 어려운 것이 용서입니다. 그 사람 때문에 내가 힘들고 잘못되어 가는데 어떻게 용서합니까?

창세기 50장 20절에 보면 요셉의 고백이 있습니다. 그가 형들을 용서하게 된 계기가 있죠.

"당신들은 나를 해하려 하였으나 하나님은 그것을 선으로 바꾸사 오늘과 같이 많은 백성의 생명을 구원하게 하시려 하셨나니"

용서는 나를 힘들게 하는 사람을 통해 나를 사용하시는 하나님의 계획이 고백될 때 할 수 있습니다. 그 사람이 아니었다면 결코 만날 수 없었던 하나님, 그 사람의 악의가 아니었다면 내가 결코 서 있을 수 없는 하나님의 인도하심의 자리에 용서가 있습니다.

오늘 우리가 있는 이 자리가 하나님의 은혜로 고백되어야 합니다. 독이 오른 사람의 입에서는 독이 나갑니다. 독이 오른 사람의 행동은 또 누군가에게 독을 전염시킬 뿐입니다. 독이 오르면 나도 아프고 상대방도 아픕니다. 독을 빼내기는 쉽지 않습니다. 하지만 독을 빼내지 않으면 결코 살 수 없습니다. 독을 품으면 독한 눈빛이 나옵니다.

요셉의 고백은 믿음의 눈을 들지 않으면 결코 보지 못하는 것입니다. 믿음의 눈을 들면 보이는 분이 계시고, 믿음의 눈을 들면 나를 인도하시는 손길이 보이고, 믿음의 눈을 들면 나를 향한 하나님의 계획이 보입니다. 그래서 행복합니다.

새벽에 교인들과 말씀을 나누며 "나는 참 행복한 목사입니다!"라고 고백했습니다. 그러고 보니 저는 미워하는 사람이 없네요. 참 감사한 일입니다. 힘든 사람은 있어도 미운 사람이 없는 축복. 오늘 당신에게도 그런 축복이 있기를 바랍니다.

Vétheuil (1901 -1902)
Claude Monet

용서란 매일 죽는 것입니다 —————————
————————————————————
————————————————————
————————————————————

긍휼은 단순히 불쌍히 여기는 것, 누군가를 돕는 것과는 다른 차원의 문제입니다. 선행을 넘어서는 것입니다. 하나님의 은혜가 내 속에 흘러넘쳐서 용납할 수 없었던, 불쌍히 여길 수 없었던 사람에게 닿는 것이죠.

수년 전 양평에서 집회를 인도한 적이 있습니다. 연합집회에서 만난 한 후배 목사님의 고백을 들었습니다. 시무하던 교회는 약 30여 명 정도의 교인이 출석하는데 그중 여섯 명 정도가 정신질환자라고 합니다. 약을 먹지 않고는 제어가 되지 않는 사람들이죠.

어느 주일 오후 예배를 마치고 한 정신질환자와 교인 사이에 멱살을 잡고 싸움하며 욕이 오갔답니다. 사모님이 싸움을 말리자 이 환자는 화분을 던지고, 돌로 유리를 깨기 시작했습니다. 목사님도 그 싸움을 말리다 주먹으로 얼굴을 맞고 말았습니다.

심각한 문제는 따로 있었습니다. 싸움이 끝나고 나서 매일 밤 이들이 목사님의 사택에 찾아와 돌을 던지기 시작한 거죠. 여기저기 구멍이 뚫리기 시작했답니다. 하루는 사택을 찾아와 지금까지 한 헌금을 다 달라고 하기에 돌

려주는 일도 있었습니다.

이 목사님이 작정 기도하는 기간을 가졌습니다. 길을 가다가 이 정신질환자를 만났는데, 외지에서 들어온 목사가 마을을 망쳐 놓는다는 말과 함께 동네 사람들이 있는 곳에서 봉변을 당한 모양입니다. 그 순간부터 마음속에 분노가 일어나 기도할 수가 없었답니다. 이렇게 계속 참고만 있어야 하는 것인지 말이죠.

그렇게 고민하며 십자가 아래서 기도하고 있는데 환상 중에 십자가에서 피를 흘리고 있는 주님의 모습이 보였고, 그 모습이 점차 청바지와 티셔츠를 입고 있는 자신의 모습으로 보이더랍니다. 십자가에서 피를 흘리는 모습으로 말입니다. 그때 처음으로 이 목사님은 갈라디아서 2장 20절의 말씀을 이해하게 되었답니다.

"내가 그리스도와 함께 십자가에 못 박혔나니 그런즉 이제는 내가 사는 것이 아니요 오직 내 안에 그리스도께서 사시는 것이라…"

그렇게 기도를 하고 밖으로 나갔는데, 그 정신질환자가

큰 돌 두 개를 들고 목사님을 노려보고 있더랍니다. 그 순간 그렇게 미워하던 그 사람을 사랑하고 싶은 마음이 들었습니다. 저 돌에 맞으면 죽을 수도 있겠다는 생각을 했지만 그에게 다가가 꼭 껴안고는 사랑한다고 말하고 눈물을 흘렸습니다. 그 순간 그 사람이 통곡하며 "목사님 잘못했어요. 용서해 주세요"라고 고백했답니다.

그 이후의 고백이 제 마음에 더 강하게 와 닿았습니다. 목사님은 그런 십자가의 체험이 있고 나서 '이제 되었다!'라고 생각했는데 또 분노가 생기고 미워하는 일들이 생기더랍니다. 그래서 매일매일 십자가에서 자신이 죽지 않으면 안된다는 바울의 고백의 의미를 깨닫게 되었다고 합니다.

우리 신분에 맞는 수준을 유지하는 것이 쉬운 일은 아닙니다. 하지만 불가능한 일은 아닐 것 같습니다. 십자가에서 흘러넘치는 긍휼이 누군가를 덮었으면 좋겠습니다. 분노가 아닌 긍휼의 마음이 있기를 바랍니다.

기도하면 하나님의 뜻을 알게 됩니다

기도는 하나님의 인도하심과 밀접한 관계가 있기에 일방적이지 않습니다. 우리가 착각하는 것은 우리가 원하는 모든 것을 기도로 생각한다는 것이죠.

우리가 기도할 때 성령님은 우리가 기도하게 하시고, 올바른 것을 간구하게 하십니다. 기도는 사전적 의미에서 '우리가 바라는 것을 기원하는 행위'이지만, 성령 충만함 가운데서 우리가 바라는 것은 하나님의 인도하심과 일치하게 됩니다. 다시 말하면, 우리가 성령 충만함 가운데 거하지 않을 때는 하나님의 인도하심과 관계없는 기도를 할 수 있다는 말이죠.

언젠가 꽤 규모가 있는 교회 집회를 인도하고 왔습니다. 목사님과 식사하는데 고민을 이야기합니다. 장로교회에는 선임 장로님의 역할이 참 중요한데, 그 선임 장로님 때문에 너무 힘들다는 것입니다. 비상식적이고 무례하다고요. 그런데 아무도 맞서서 대항하려고 하지 않습니다. 교회까지 와서 싸울 이유가 없기 때문입니다. 봉변을 당할까 봐 그냥 놔두는 것이죠.

그런데 목사님이 제일 고민하는 것은 그 장로님이 매일

새벽예배가 끝나면 끝까지 남아서 기도하는 분이라는 것입니다. 목사님이 이렇게 말했습니다.

"저 장로님은 매일 무슨 기도를 할까요?"

성령님의 인도하심을 받지 못한 기도가 얼마나 우매할 수 있는지 아십니까? 하나님을 경외하고 하나님을 아는 자의 기도와 하나님을 알지 못하는 자의 기도의 차이를 아십니까?

20세기 최고의 기독교 변증가인 C. S. 루이스는 이렇게 말했습니다.

"하나님이 원하시면 어떤 방식으로도 그것을 행하실 수 있습니다. 하지만 그분은 기도응답이라는 방법을 통해 그 일을 하기로 작정하셨습니다. 우리가 기도한다는 것은 하나님을 의지한다는 고백입니다. 우리가 그분을 의지한다면 그분에 대하여 알아야 하지 않겠습니까? 우리의 노력으로 무엇을 이룰 수 있는 것은 아니지만 하나님을 의지하는 우리의 노력을 하나님은 기뻐하십니다. 간혹 우리는 '믿음'을 온전히 하나님을 의지하므로 우리의 모든 생각과 판단을 내려놓는 것이라고 생각합니다. 하지만 진정한 믿음을 말씀의 근거 위에서 살펴본다면, 믿음은 우리가 온전한 이해로 나아가도록 생각을 바꿔 줍니다. 우리의 지적인 행위가 하나님의 생각과 어긋나지 않도록 인도합니다. 그러므로 진정한 믿음이란 우리의 이성이 하나님의 통치하심과 성령님의 인도하심에 복종할 준비가 되어 있는 것입니다."

진정 중요한 것은 하나님의 뜻을 아는 것이고, 더욱 중요한 것은 우리가 알고 있는 뜻에 순종하는 것입니다.

기복이라 욕해도 축복은 해야겠습니다————

언젠가 집회를 마치고 났더니, 봉사하던 여선교회 성도들이 수군수군 하더군요. 빨리 가서 강사 목사님과 악수하라고, 그래야 복을 받는다고 말입니다. 제 손을 잡아 복을 받는다니 기분 나쁠 일이 전혀 없지만, 그럴 능력이 없는 저이기에 조금 곤란한 마음이었습니다.

왜 우리는 그런 생각을 할까요? 언제부터 그런 생각을 하게 되었을까요? 목회자의 손이, 안수기도가 축복이 된다는 생각 말입니다. 주님의 이름으로 축복을 빌 때, 하나님의 능력이 임할 수 있지만 과연 특정한 사람의 손이 복될 수 있을까요?

축복받는 삶의 비결은 기도에 있지 않습니다. 기도한 것을 결단해 살아내는 데 있습니다. 목회자의 손이 결단에 도움을 줄 수는 있지만 복을 주는 것은 아니라는 말이죠.

초하루 기도회에 나온 많은 성도를 바라보며 그런 기도를 했습니다.

"하나님 어떤 상황에서도 타협하지 않고 복 있는 삶을 살게 해주세요! 복 주시는 이를 바라보며 사는 것이 복이라는 것을 잊지 않게 해주세요! 때로 우리가 진리로 인해 핍박받을 때면, 그것을 불편해하는 사람들 때문에 받는 것이지 기쁨으로 이기게 해주세요!"

기복신앙이 잘못되었다고 아무리 욕해도, 목회자의 가장 큰 기쁨 중에 하나는 성도들을 위해 복을 구하는 기도입니다. 기복신앙이 잘못된 것이 아니라, 잘못된 복을 구하는 것이 잘못된 것이죠.

우리가 누군가의 손을 잡을 때 그 손이 복된 손이 되면 좋겠습니다. 복된 삶을 사는 사람의 손이기에 말입니다. 우리가 누군가에게 건네는 말이 축복이 되면 좋겠습니다. 우리가 하는 말이 늘 복된 말이기를 바랍니다.

어거스틴이 그런 말을 했습니다.

"악은 선의 결핍이고, 어둠은 빛의 결핍이다."

결국 이 세상을 복으로, 빛으로 바꾸는 일은 우리가 그 영역을 넓히는 것이 최선이 아닐까요? 복이 들어오면 저주는 물러가지 않을까요?

우리를 둘러싸고 있는 모든 어둠의 권세와 결박들이 예수의 이름으로 자유케 되기를 간절히 소원합니다.

Les bords de la Seine près de Vétheuil (1881)
Claude Monet

5

가식 떨지 말고
충성합시다

경건하려면 허세부터 벗으세요 _____

우리는 모두 본래의 내 모습보다 더 나아 보이려는 욕망이 있는 것 같습니다. 더 나아 보이려고 하니 스스로를 과대포장할 수밖에 없죠. 남들이 생각하는 나보다 자신을 더 낫다고 생각하니 늘 과장된 말과 몸짓이 나올 수밖에 없습니다. 여기에서 허세가 시작됩니다.

허세는 채워지지 않는 부족감에서 나오는 것입니다. 부족감과는 참 어울리지 않는 말인데, 부족하다고 생각하면 할수록 내 속에 찾아오는 것이 탐욕입니다. 부족감은 아무리 채워도 채워지지 않으니 말입니다.

한번은 설교 시간에 진지하게 교인들에게 물었습니다.

"지금의 환경에 만족하시나요?"

만족할 만한 대답이 없더군요. "여호와는 나의 목자시니 내게 부족함이 없으리로다"(시 23:1)라는 시편 기자의 고백은 어디서 온 자신감일까요? 심지어 그는 "사망의 음침한 골짜기로 다닐지라도 해를 두려워하지 않"(3절)는다고 하고, "내 원수의 목전에서"(5절)도 내 잔이 넘친다고 고백합니다.

사도 바울은 만족 혹은 자족은 경건과 관계가 있다고 말합니다(딤전 6:6). 따라서 우리가 경건하지 못하다면 늘 부족하다고 느끼는 것 때문에 허세로 몸을 휘감고 있게 되는 것입니다.

내 삶의 수준보다 비싼 옷과 액세서리로 포장하지 않으면 견딜 수 없습니까? 내가 가진 지식을 남들에게 아는 척하지 않고는 견딜 수 없습니까? 교인 숫자나 교회 크기를 조금이라도 부풀려 말하지 않고는 만족할 수 없습니까? 만약 그렇다면 "여호와는 나의 목자시니 내게 부족함이 없으리로다" 하는 고백이 아직 내 고백이 아닌 것입니다. 여호와로 부족함이 없다면 굳이 나를 포장할 이유도 없을 테니 말이지요.

하나님은 우리가 삶을 포장하지 않고 진지하게 경건한 삶을 살 수 있는 기회를 하루에 세 번은 주셨습니다. 바로 식사기도 시간입니다. 밥 한 그릇 앞에 놓고 진지하게 감사기도하는 시간, 일용할 양식 주심을 진심으로 뜨겁게 감사할 수 있다면, 이스라엘 백성에게 만나를 주시고 매일 하나님을 기억하게 하셨던 광야의 신앙훈련을 우리도 받은 것 아닐까요?

그래서 모두에게 이렇게 제안하고 싶습니다. 우리의 신앙과 한국 교회를 가장 건강하고 경건하게 만드는 일을 진지한 식사기도부터 시작하자고 말입니다. 식사 기도하는 크리스천의 모습에서 허세가 사라진 가장 경건한 모습이 나타나기를 바라 봅니다.

La Seine près de Giverny (1888)
Claude Monet

과거를 드러내면 자유롭습니다 _____

_____

_____

_____

종종 중학교나 고등학교 동창들이 교회를 방문합니다. 만나교회에 대한 이야기 혹은 방송을 통해 알게 되었노라면서 찾아와 응원과 기도를 해줍니다.

저는 그런 친구들이 있다는 사실이 참 감사합니다. 특히 감사한 점은, 예전에 알았던 친구를 만나도 감출 것이 없다는 것이죠. 아무리 생각해도 그 친구들이 저를 목사로 존중하며 말씀을 듣기 힘들 것 같은데, 은혜롭게 그 자리를 지켜 주니 더할 나위 없이 감사합니다.

그러고 보면 저는 누구나 지나온 학창시절, 조금은 부끄러웠던 기억들을 감추기 보다는 먼저 드러내곤 합니다. 감사하게도 하나님은 그때의 일들이 소위 흑역사로 끝나지 않고 간증이 되도록 인도하셨습니다. 옛날 친구들, 이전에 알았던 사람들을 다시 만나는 것이 기쁘고 기대가 된다는 것이 참 행복하다는 생각이 듭니다.

제가 알고 있는 어떤 목사님 이야기입니다. 소명을 받기 전 세상에서 살 때 알았던 사람이 어느 날 예배 시간에 앞자리에 앉아 있는 것을 보고 깜짝 놀랐답니다. 몇 주를 그렇게 자리를 지키더니 협박을 하더랍니다. 과거를 불기 전에 돈을 달라고 말이죠. 그 목사님이 참 안타까웠던 기억이 있습니다. 목사가 그렇게 특별한 존재가 아닌데, 왜 교인들에게 본인의 과거를 꺼내놓지 못했을까요? 과거를 감추면 매여 살지만, 드러내면 자유롭습니다.

우리는 무엇이 두려울까요? 민낯이 드러나는 것이 두려울수록 감추고 있는 것이 많다는 의미는 아닐까요? 목회의 연수가 길어지고, 가진 것이 많아질수록 감추고 싶은 것이 많아지는 것 같습니다. 가장 큰 축복은 감출 것 없는 삶을 사는 것이 아닐까요? 민낯으로 하나님을 대하고, 우리가 만났던 사람들을 기쁘게 만날 수 있는 것 말입니다.

언젠가, 어디선가, 누군가 우리가 민낯으로 만나게 되는 순간이 부끄럽지 않게 살 수 있다면 인생을 참 잘 사는 것이 아닐까요?

Poppy Field (1881, 1885)
Claude Monet

삶이 과장되지 않기를

어느 해엔가 교인들과 이렇게 구하면 좋겠다며 생각을 나눈 적이 있습니다.

첫째, 삶이 과장되지 않기를! 과장은 진실 됨과 배치되는 말인 듯합니다. 과장은 그것에서 그치지 않고 탐욕으로 인도하기 때문에 참 무서운 것이지요. 왜 우리의 마음속에서 그렇게 자신을 드러내고 싶은 욕구가 많은지 말입니다. 문제는 그 드러냄의 욕구가 지나치면 자신의 삶을 포장한다는 것이지요. 포장된 모습에는 하나님의 형상이 보이지 않습니다.

자신을 드러내고 싶은 마음이 들면 누군가의 이야기를 듣는 것이 참 힘들어집니다. 내가 누구인지를 보여 주기 위해 자꾸 설명하고 말을 많이 하게 되니 말입니다. 가만히 자신을 돌아보아 듣기보다 말하는 시간이 많았다면 삶을 과장하고 살았을 확률이 높았을 듯합니다. 오늘 하루를 살다가 말을 많이 하는 자신이 생각나면 입을 다물고 기도하기를 바랍니다. 그리고 과장된 자신을 하나하나 걷어내고 진실한 내 모습을 드러내며 하나님을 생각나게 하는 삶을 살 수 있다면 참 좋겠습니다.

과장은 자신을 포장하고 돋보이게 하지만, 진실함은 나를 가리고 하나님을 드러냅니다. 먼저 목사인 제 마음 가운데 참 끊기 힘든 명예욕의 피가 흐릅니다. 그것을 누르는 것이 힘들고, 나는 명예욕을 이겼다는 생각에 또 자신을 드러내는 명예가 숨어 있음도 보게 됩니다. 삶을 과장하지 않고 진실함으로 하나님을 드러내는 인생을 사는 것, 그렇게 살고자 하는 기도가 있습니다.

둘째, 우리의 삶에 능력이 있기를! 새벽 시간 교인들을 맞이하는 부목사님들과 사역자들을 보면서 이들을 위해 기도하지 못한 제 모습이 생각이 났습니다. 교인들을 위해서는 기도가 되는데 정작 교인들을 만나 목회하는 사역자들을 위해 기도하지 못했습니다. 그래서 이렇게 기도하자 했습니다. 교인들을 만나고, 설교할 때 하나님의 능력이 드러나는 사역자들이 되기를 말입니다.

설교하기 전 늘 저 자신을 위해서는 말씀의 능력을 달라고, 심령 골수를 쪼개는 말씀이 되게 해달라고 기도했지만, 함께하는 사역자들을 위해 그렇게 기도하지 못했음이 부끄럽더군요. 또한 설교자의 말이 능력을 가지는 것도 중요하지만 정작 교인들의 삶에서 드러나는 능력이야 말로 참된 것이라는 생각이 듭니다.

우리 모든 믿음의 식구들이 살아가는 삶의 현장에서, 만남들 속에서 능력 있는 삶을 살기를 바랍니다. 우리의 말이 누군가를 변화시키고, 행동이 공동체를 변화시킬 수 있기를 기도합니다. 실상 목회자가 기도해야 하는 것은 자신의 능력을 위해서가 아니라 교인들의 삶의 능력이라는 것을 새삼 깨닫습니다.

조금만 고개를 돌리면 누군가를 보게 되는데, 그 작은 여유를 가지지 못해서 참 자기중심적인 삶을 살아가는 모습이 부끄러운 아침입니다.

하나님의 '좋아요'가 중요합니다

비난보다 더 무서운 것이 무관심이라고 하지요. 비난도 관심이라는 말이 새삼 실감이 갑니다. 페이스북을 이용해 이런저런 글을 올리다 보면 지지해 주는 댓글만큼 비판의 댓글도 많습니다. 논란이 되든 칭찬을 받든 어쨌든 누군가의 마음을 움직였다는 것에 의미를 둬야겠지요.

그러고 보면 요즘은 누군가에게 관심을 받지 않으면 견디지 못하는 인간의 속성을 곳곳에서 발견합니다. 제 모습에서도 적나라하게 드러납니다. 왜 우리는 그리도 관심을 받고자 할까요? 무관심이 두려운 이유는 뭘까요? 어쩌면 잊혀짐에 대한 두려움이 아닐까요?

몇 달을 외부 행사나 모임에 가능하면 참여하지 않고 지냈던 적이 있습니다. 그런데 그 짧은 시간 입으로는 "참 편하네"라고 했지만, 잊혀짐에 대한 두려움까진 아니더라도 그 비슷한, 묘한 기분이 들었던 것 같습니다.

며칠 전 새벽 책을 보는데 이런 글이 있더군요. "하나님이 쓰시는 미래의 사람은 현재를 조용히 준비하는 사람이다!" 라고 말입니다. 결국 잊혀짐에 대한 두려움은 하나님께 대한 것이 아니라 사람에게 집중하고 있었다는 것을 증명하는 것은 아닐까요? 미래를 준비하는 잊혀짐은 사실 하나님이 기억하시는 시간인데 말입니다.

진정 두려운 것은 사람에게 유명해지는 일이 하나님께는 잊혀짐이 될 수 있다는 것이죠. 결국 우리의 신앙적 결단의 문제인 것 같습니다. 물론 하나님께도 기억되고 사람들에게도 기억된다면 좋겠지만요. 이 둘 사이에서 결정해야 하는 순간이 우리에게는 반드시 찾아옵니다. 이런 결정을 '신앙'이라 부르는 것 같습니다.

1년 스케줄을 확정하며 그런 질문을 하게 됩니다. '나는 지금 누구에게 좋으라고, 누구에게 기억되기 위해 이 일을 하는가?' 이 싸움에서 승리하면 미래에도 하나님이 쓰시는 사람이 되겠지만, 이 싸움에서 지면 참 불쌍하게 사역이 끝나지 않을까 두렵기도 합니다.

모든 이에게 좋은 사람이 될 수 없더라도 하나님에게 좋은 신앙인이 될 수 있기를, 모두에게 기억될 수 없더라도 미래에 하나님께 기억될 수 있기를 바라 봅니다.

On the Bank of the Seine, Bennecourt (1868)
Claude Monet

Regattas at Argenteuil (1872)
Claude Monet

성령님을 잃어버리진 않았습니까

우리는 종종 성령님을 '불'로 표현해 왔습니다. 그렇다면 성령님을 잃어버렸다는 것은 '불이 꺼졌다'라는 말과도 같습니다.

왜 불이 꺼질까요? 첫째, 계속해서 연료가 공급되지 않아 섭니다. 둘째, 타는 불에 '물'을 뿌려섭니다. 연료가 공급되지 않는다는 것은 더 이상 우리가 성령님의 임재를 구하지 않는다는 것이고, 성령을 꺼뜨린다는 것은 연료를 차단하는 '죄'의 문제를 해결하지 못했다는 것입니다.

그런데 근본적인 문제는 '죄'를 지었기 때문이 아니라, 성령님을 생각하지 않으므로 죄를 행하게 되었기 때문이 아닐까요? R. T. 켄달이 《성령을 소멸치 않는 삶》에서 이 이렇게 말했습니다.

"성령께서 교회를 완전히 떠나신다 해도 오늘날 교회들이 하고 있는 일의 90퍼센트는 아무런 지장을 받지 않을 것이다."

이 말의 진의가 무엇일까요? 성령이 존재하지 않아도 교회에 아무런 문제가 없다는 것이 아니라 지금 교회에서 하고 있는 일, 일어나고 있는 일들이 대부분 성령님과 관계가 없을 수 있다는 말입니다. 정말 큰 문제는 우리가 성령님을 잃어버리고 나서도 그것을 깨닫지 못하는 것입니다.

성령을 받거나 체험하는 것이 문제가 아닙니다. 우리 곁에 계시던 성령님을 찾아야 합니다. 우리가 성령님을 몰라서 모시지 않는 거겠습니까? 한국 교회는 이미 성령님의 뜨거운 임재를 경험했고, 알고 있습니다. 그런데 그 성령님이 여전히 우리 곁에 계시다고 착각하고 있지는 않나요? 정작 성령님이 계시지 않아서 문제가 생기고 있지 않습니까? 성령의 역사가 없이 "성령님, 성령님" 하는 것이 얼마나 공허할까요?

교회에서 우리가 성령님에 대하여 이야기하고 찬양할 때마다, 혹시 성령님이 들으시면 어떡하나 하는 두려움이 있진 않습니까? 그래서 의도적으로 성령님에 대하여 이야기할 때 그분이 계시지 않는 쪽을 향해 소리를 내거나, 아니면 작게 속삭이는 것은 아닙니까? 만약 그렇다면 아직 소망이 있습니다. 성령님을 의식하고 있다는 증거이기 때문입니다.

성령님과 동행한다는 것은 쉬운 일이 아닙니다. 하지만 우리가 끝까지 그 길을 가야 하는 이유는 우리를 부르신 길이 그 길이기 때문입니다. 잃어버린 성령님을 찾는 가장 좋은 방법은 잃어버린 장소를 생각해 내고 돌아가는 것입니다. 교회에서 우리가 '주님을 위해'라고 말했지만 실상은 진실하지 못했던 때가 언제인지, 우리가 주님을 위해 일한다고 했지만, 나를 위해 일했던 때가 언제인지 생각해 봅시다.

미국의 통계이기는 하지만 하나님께 쓰임 받던 사역자의 75퍼센트가 온갖 유혹에 굴복하고 기름부음을 상실한다고 합니다. 성령의 기름부음이 없는 것이 아니라, 지속되지 못함이 문제입니다. 성령님을 잃어버렸다는 것은, 기름부음의 사건이 일회적으로 끝났다는 말과도 같은 의미일 것입니다.

"잃어버린 성령님을 찾아서!"

지금 한국 교회와 우리 성도들이 함께 가져야 할 무거운 사명입니다. 우리가 있었던 그 자리, 뜨거움의 자리, 가슴을 뛰게 했던 때로 돌아갑시다.

내일의 기름부으심을 준비합시다 ————————

어떤 목사님의 이야기입니다. 성령의 은사와 열매에 대한 설교를 마치고 강단으로 교인들을 초청했답니다. 성령의 은사를 받기 원하는 사람은 강단 왼편으로, 성령의 열매를 받기 원하는 사람은 오른편으로 나오라고 지시했습니다. 그러자 몇십 명의 사람이 왼편으로 모였고, 오른편에는 단 세 사람이 서 있었답니다. 많은 사람이 열매보다는 은사에 관심을 가졌는 것이죠.

혹 우리는 무엇을 원하나요? 열매가 아니라 은사에 열광하고 있지는 않나요? 조용히 속내를 들여다보면 열매보다는 은사를 부러워하고 있는 것은 아닌가요?

R. T. 켄달의 《내일의 기름부음》을 읽다 보면 요셉의 이야기가 나옵니다. 하나님이 어린 요셉에게 귀중한 은사를 주셔서 꿈꾸게 하셨고 미래를 바라보게 하셨습니다. 하지만 불행하게도 요셉이 가진 은사가 잘못된 것은 아니지만, 요셉은 그 은사를 사용할 준비가 되어 있지 않았던 것 같습니다. 그는 꿈을 이야기하며 자신을 형제들보다 높이는 바람에 형들에게 미움을 받습니다. 어쩌면 자신의 은사를 가지고 교만했는지 모릅니다. 그래서 그는 오랫동안 하나님께 쓰임 받지 못하고 고난과 훈련의 시간을

지나야 했습니다. 요셉이 받은 귀한 은사를 사용하기 위해서는 배움의 시간, 열매를 맺는 시간이 필요했다는 말입니다. 요셉이 경험해야 했던 고난의 시간들을 통해 더 많은 은사가 개발되지는 않았지만, 성령의 열매를 맺으며 성숙한 사람으로 변해 가고 있었던 것이죠.

요셉이 애굽 땅 보디발 장군의 집에서, 그리고 감옥에서 지내는 동안 여지없이 그의 은사가 드러납니다. 하지만 그에게 성령의 열매는 없었던 것 같습니다. 만일 그가 은사만 있고 열매가 없이 권력이 주어졌다면, 형들을 만났을 때 복수의 칼날을 갈았을지도 모를 일입니다.

이 시대 교회의 가장 큰 불행은 성령의 은사가 풍부했던 크리스천 지도자와 사역자들의 추락을 목격하게 되는 것이 아닐까요? 미국에서는 한때 유명했던 부흥사들이 성적 타락과 돈 문제로 부끄러운 뉴스의 주인공들이 되었습니다. 놀라웠던 은사만큼이나 놀랍게 뉴스의 탑을 장식했지요. 한국에서도 다르지 않습니다. 세상을 놀라게 하는 사건들이란 훌륭한 은사들을 소유했던 사람들에게서 만들어진 것들입니다.

그들의 타락과 죄를 보면서 그들이 행했던 은사들이 거짓이라고 말할 수는 없을 것 같습니다. 단지 그들의 은사가 성숙하지 못함으로 인해 이루어진 일이죠. 또한 그들에게 은사를 주셨던 성령의 기름 부으심이 더 이상 계속되지 않으므로, 더 이상 성령님의 인격이 나타나지 않고 있었던 것이죠.

기름 부으심이 없이도 얼마간은 성령의 은사가 계속되는 것 같습니다. 하지만 성숙하지 않은 은사들은 결국 인간의 욕망 속에서 그 바닥을 드러내게 되어 있습니다. 놀라운 은사가 타락하는 것은 칭찬에 익숙해져서 하나님의 영광이 드러나지 않을 때입니다. 칭찬하는 사람들에게 익숙해지면 그들을 만족시키기 위해 일하게 됩니다.

성령님을 기대하지 않고, 사람의 기대를 만족시키려고 살아가다 보면 갈증이 찾아옵니다. 성령의 은사로 시작했는데, 갈증을 채우기 위해 욕망의 덫에 걸려드는 순간입니다. 은사가 욕망으로 가느냐, 열매로 가느냐는 기름 부으심의 지속성 여부에 달려 있는 듯합니다. 그래서 기름 부으심이 일회성 사건이 아니라 지속적인 공급으로 이어져야 합니다.

요즘 교회와 신앙의 비극은 성령의 역사가 과거의 역사로 기억되고 있다는 것입니다. 그리고 과거의 역사를 공식화해서 동일한 방식을 기대하고 흉내 낸다는 것이죠.

내일의 기름부음이란 우리가 경험한 방식이 아닌, 성령님이 주시는 전혀 새로운 방식이 아닐까요? 과거의 영광에 사로잡히는 순간 우리는 과거의 사람이 되어 버리고 맙니다. 하나님이 쓰시는 사람은 과거의 사람이 아니라 현재의 사람이고, 순종하며 준비하는 미래의 사람입니다.

Le Bassin des Nympheas (1904)
Claude Monet

겸손하고 싶은데 겸손이 안 된다고요 _____

아들의 지인으로부터 연락을 받았습니다. 꽤 유명세를 치른 헤어 아티스트가 있는데, 이제 신앙생활 잘하려고 노력하고 있다면서 인도해 달라고 부탁했습니다.

그렇게 찾아간 샵에서 여러 가지 이야기를 나누다가 그가 제 머리를 깎아 주고 싶다고 하기에 얼떨결에 거울 앞에 앉게 되었습니다. 언젠가 송구영신 예배를 드리는데 설교하는 제 모습에서 머리 모양이 눈에 계속 들어왔다면서, 두상에 어울리는 헤어스타일이 생각났다고, 꼭 그렇게 해주고 싶다고 했습니다. 처음으로 내 머리카락이 아티스트에게 생각할 여지를 줄 수 있었다는 사실에 놀랐습니다. 그렇게 전문적인 손길에 제 머리를 맡기게 되었습니다.

전문가의 손놀림을 보면서 한 분야에 성공한 사람에 대해 생각해 봤습니다. 이 전문성을 얻기까지 얼마나 부단히 노력하고 애썼을까요? 그런데도 우리는 왜 공허하고 외로울까요? 한번은 그런 공허함 때문에 '나를 지으신 분은 누굴까'라는 질문을 하게 됐고, 답을 얻기 위하여 교회를 찾아온 사람이 있었습니다. 제가 그에게 했던 말입니다.

"선생님, 우리의 인생에서 가장 가치 있는 일이 무엇일까요? 돈을 버는 인생에는 세상적으로 말해 전문성이 필요하죠. 하지만 더욱 중요한 것은 내가 가지고 있는 전문성이 온전히 하나님께 쓰임 받는 것입니다. 삶의 공허함은 나의 열심으로 사는 데 있고, 삶의 보람은 하나님께 쓰임 받는 데 있습니다. 그리고 하나님께 쓰임 받기 위해서는 겸손해야 합니다."

이 말은 저를 향한 말이기도 합니다. 겸손하기 위해 지금도 새벽을 깨우며 하나님 앞에 간절히 기도합니다. 그런데 하나님 앞에 겸손을 구하는 것, 겸손해야겠다 다짐하는 것은 이미 내 안에 자랑할 것이 많다거나 교만하다는 반증이 아닐까요? 그렇지만 하나님은 겸손한 자를 찾으신다고 하니 우리는 항상 겸손하기 위해 기도해야 합니다. 어쩌면 겸손이란 하나님 앞에서 매일 씨름하며 내 속에 있는 욕망과 싸우는 것일지 모릅니다. 겸손하고자 하는 마음이 내 안에 있을 때 만큼은 적어도 세상을 살면서 하나님을 바라보는 갈망이 생길 것입니다.

내 머리를 해주던 헤어 아티스트가 그럽니다. 참 힘든 인생을 살았다고요. 유명해지면 해질수록 겸손해야겠다는 마음으로 살았는데, 그게 그렇게 힘들더랍니다. 사람들을 만나면서 겸손하려고 하면 할수록 자신이 그런 사람이 아니라는 것을 적나라하게 마주하니 말입니다. 그래서 제가 그랬습니다.

"선생님이 가지고 있는 최고의 것으로 그저 하나님 앞에서 쓰임 받는 것, 그것이 너무 기쁘고 감사하다면 겸손한 겁니다."

오늘도 하루가 우리에게 주어져 있습니다. 하나님이 우리에게 바라시는 마음은 무엇일까요? 완전함일까요? 아마도 하나님은 우리가 불완전함 속에서 하나님만 갈망하기를 바라실 것입니다. 그것이 곧 겸손이 아닐까 생각해 봅니다. 우리가 겸손하고자 하지만 겸손하지 못한 가운데에서 싸우는 마음을 하나님이 그 자체로 받아 주시리라 믿습니다.

은혜는 순종의 영역입니다 ⸻⸻⸻⸻

하나님을 믿는 순간 우리는 이미 은혜를 경험한 사람들입니다. 하지만 매 순간 하나님의 은혜를 누린다는 것은 한 번 받은 은혜로 만족하는 것과는 다릅니다.

은혜의 누림은 순종과 관계가 있습니다. 예수님이 우리에게 새 부대가 되라고 하신 이유는 부어 주시는 은혜를 담을 수 있는 그릇이 되라는 것이죠. 우리는 한번 받은 은혜를 가지고 얼마든지 신앙생활을 할 수 있습니다. 과거의 경험을 가지고 "하나님은 이런 분이야!"라고 말할 수도 있습니다. 과거의 은혜 체험으로 규정된 신앙은 풍성한 하나님의 은혜를 가로막는 가장 큰 적입니다. 그 순간 은혜가 율법이 되기 때문입니다.

'은혜 위에 은혜'라는 말이 있습니다. 더하시는 하나님의 은혜는 우리가 아직 경험해 보지 못한 은혜입니다. 그러므로 새로운 은혜를 경험하기 위해서는 자신을 내려놓고 순종하는 자세가 필요한 것이죠.

생각해 봅시다! 누군가 하나님이 축복해 주신 물질의 은혜를 경험했습니다. 그리고 그 물질로 하나님의 일을 열심히 했습니다. 그런 사람에게 물질이 사라지면 더 이상

하나님의 일을 할 수도 없고, 자신이 더 이상 쓰임 받을 수 없다고 생각하겠죠.

사도행전 3장 1-10절에 성령을 받은 제자들의 첫 번째 기적의 이야기가 나옵니다. 성전 미문 앞을 지나다가 날 때부터 앉은뱅이 된 사람이 구걸하는 것을 보게 됩니다. 이때 참 인상적인 말이 나옵니다.

"베드로가 이르되 은과 금은 내게 없거니와 내게 있는 이것을 네게 주노니 나사렛 예수 그리스도의 이름으로 일어나 걸으라 하고"(6절).

과거에 머무는 은혜는 내가 받은 경험과 가진 것에 반응하지만, 매 순간 은혜를 누리는 사람은 내 속에 계신 주님이 이끄시는 대로 순종하며 나아갑니다. 기적은 내가 할 수 있는 것을 만들어 내는 것이 아니라, 내가 할 수 없는 일을 내 속에 계신 하나님이 하시는 것입니다.

문제는 우리가 내 삶에 역사하시는 하나님의 음성에 순종하려고 하지 않는 것입니다. 왜냐하면 내가 경험했던 이전의 하나님의 은혜가 미래의 은혜를 가로막기 때문입니다.

아직 경험해 보지 못한 은혜를 경험함은 우리의 삶을 풍성하게 해줍니다. 새 부대가 되어 내 속에서 역사하시는 하나님께 순종하는 것이 '은혜 위에 은혜'가 아닐까요?

The Artist's Garden at Vétheuil (1881)
Claude Monet

명확한 선이 필요합니다

요즘 젊은이들을 가리켜 '메이비 세대(Maybe Generation)'라고 한답니다. 너무 선택의 폭이 넓어졌는지 결정을 하지 못하고 망설이는 애매함의 세대를 일컫는 것이지요.

어린 시절 교회에서 많이 듣던 이야기가 다니엘의 영웅담이었습니다. 그가 뜻을 정하여 우상의 음식을 거부했다는 것 말입니다. 제가 청년 시절에는 직장 사람들과의 회식 자리에서 술을 거부한 신앙적 영웅담도 많이 있었습니다. 주일을 지키기 위해 애썼던 이야기들도 말입니다.

요즘은 그런 영웅담보다는 '술을 먹는 것이 죄인지, 신앙의 본질인지'를 이야기합니다. 세상과 경쟁하기 위해서는 주일에도 공부하고 일도 해야한다고 합니다.

물론 우리가 율법주의자가 될 필요는 없습니다. 무엇인가를 하고 말고는 엄밀히 말하면 신앙의 본질이 아닙니다. 하지만 우리에게 기준은 있어야 하는 것이 아닐까요? 성경은 위대한 신앙의 사람 다니엘이 "뜻을 정하여" 죄의 길을 가지 않았다고 말합니다. 무슨 의미일까요? 적어도 다니엘이 이방 땅에서 살면서 삶의 기준을 느부갓네살 왕이 아니라 하나님께 두겠다고 한 선언이겠죠.

다니엘에게 선명한 기준, 선명하게 그은 선이 있었다는 말입니다.

선을 긋는다는 것은 일정 부분 그 선을 지키기 위해 내 삶을 희생하고 포기하겠다는 말입니다. 명확하게 선을 긋지 않으면 우리의 삶에서 포기할 것도 희생할 것도 없습니다. 하나님의 은혜도 설 자리를 잃게 됩니다. 하나님의 은혜를 경험하지 못하면 삶의 간증도 사라집니다. 간증이 없는 신앙인의 삶은 능력도 없습니다.

요즘 교회와 신앙인들이 세상에서 힘을 잃는 것은 명확히 그은 선도, 포기한 이야기도 없기 때문입니다. 세상에서 아무것도 잃지 않으려고 버둥거리는 것은 이미 하나님의 주권을 우리의 삶에서 포기했다는 말과 다르지 않습니다.

"하나님 저에게 용기를 주세요! 세상의 욕심에 지지 않을 마음을 주세요!"

말씀을 대할 때마다 시대가 두렵고 자신이 없습니다.

명확한 기준이 세워지면 명확한 결단도 있을 듯합니다. 그런 질문을 가지고 살아 봅시다. 아니, 살아냅시다!

이 불확실성의 시대에서 하나님의 주권을 인정한 내가 포기할 것은 무엇인가요?

The Japanese Footbridge and the Water Lily Pool, Giverny (1899)
Claude Monet

대충 살지 맙시다————————————————

주님의 부르심 앞에 대충 인생을 살던 사람들이 전심으로 살아가게 되는 전환점이 '만남의 사건'입니다. 그래서 부르심을 입은 사람들에게는 삶을 돌이킨 과거가 있고, 새로운 자리에서 살아가야 할 미래가 있습니다. 과거의 흔적과 미래의 기대가 있는 사람이야말로 부르심을 입은 사람들입니다.

세관에 앉아서 세금을 받던 마태가 예수님의 부르심을 받습니다. "나를 좇으라"는 말씀에 순종하여 주님을 따라갑니다. 그리고 마태는 예수님을 위하여 잔치를 베풉니다. 이것이 마태가 부르심을 받고 처음으로 한 일입니다. 그의 삶에서 뭔가 의도적인 일이 시작된 것입니다. 부르심 앞에서 살만한 인생이 아니라 살아가야 할 인생으로 바뀐 것이죠.

그런데 마태가 베푼 잔치 자리에서 논쟁이 일어납니다. 예수님과 죄인들의 만남을 의도적으로 만들었던 마태 때문입니다. 종교적인 사람들이 예수님을 비난하는 자리가 되었습니다. 하지만 그 자리는 처음부터 아주 의도적으로 만들어진 자리였습니다. 마태가 예수님의 마음을 아는 순간부터 그는 의도적인 삶을 살기 시작한 것이죠. 세리였던 자신을 만나 주셨던 주님이 또 다른 죄인과 세리들을 만나기를 원하신다는 것을 알았기에 잔치를 베풀었던 것입니다.

성경에 보면 종교적인 사람들이 예수님을 비꼬며 하는 말이 있습니다. '죄인들의 친구'입니다. 하나님의 마음을 모르는 사람들이 이해할 수 없는 모습이 예수님의 별명이 되었습니다. 그런데 그 별명이야말로 예수님이 누구시고 왜 이 땅에 오셨는지를 가장 명확하게 설명하고 있죠.

예수님을 따르는 이 땅의 교회가 들어야 할 별명이 있습니다. '죄인들의 친구'입니다. 종교인들은 늘 죄와 죄인을 동일시했습니다. 하지만 예수님은 죄와 죄인을 분리해서 생각하셨습니다. 죄는 용납할 수 없어도 죄인들은 늘 가까이하셨습니다. 죄를 사랑하시기 때문이 아니라 죄인들을 사랑하셔서, 그들이 죄에서 멀어지기를 원하셨기 때문이죠. 그리고 주님을 만난 죄인들이 죄에서 분리되기 시작합니다.

마태가 그랬던 것처럼 우리를 불러 주신 주님으로 인해 교회 공동체가 전심으로 죄인들의 친구가 되었습니까?

예수님을 비난했던 종교인들이 그랬던 것처럼 언제부터 인가 스스로 너무 의로워서 죄인들과는 함께할 수 없는 교회가 되어 버린 것은 아닙니까? 교회가 스스로 의롭다고 생각하는 순간부터 예수님과 너무 멀어진 공동체가 되고 있는 것은 아닙니까?

내가 주님을 앞으로 의도적으로 살아가야 하는 것은 무엇일까요? 흘러가는 인생이 아니라 전심으로 살아가야 하는 이유는 무엇일까요?

전심으로 살아가는 것은 참 피곤한 일입니다. 때로 세상과 충돌하거나 갈등을 유발할지도 모릅니다. 하지만 전심으로 살아가는 인생에는 즐거움이 있습니다. 언젠가 우리의 신앙에서 즐거움이 사라져 버렸다면 사명도 사라져 버린 것은 아닐까요? 뭔가 의도적이고, 전심으로 살아가는 그 무엇이 나를 불러주신 주님을 위한 것이라는 확신이 들 때, 참 즐거운 삶이 아닐까요?

매 주일 강단에 서서 설교하는 목회자와 설교자로 나를 부르신 그 부르심 때문에 전심으로 말씀을 준비해야겠다고 생각합니다. 그저 그렇게 준비하고 설 수도 있지만, 적어도 이 말씀을 위해 내가 전심을 다했다는 마음으로 강단에 설 수 있기를 바랍니다. 많이 힘들겠지만, 나를 부르신 그 부르심으로 인해 즐거울 수 있기를 바랍니다.

Nymphéas Avec Reflets De Hautes Herbes (1914 - 1917)
Claude Monet